« MÉMOIRE VIVE »

DU MÊME AUTEUR

aux éditions Robert Laffont

LE VRAI GOÛT DE LA VIE
UNE ODEUR D'HERBE FOLLE
LE SOIR DU VENT FOU
LA GRÂCE ET LE VENIN
LA SOURCE AU TRÉSOR
L'ANNÉE DU CERTIF
LE PRINTEMPS VIENDRA DU CIEL
LES GRANDES FILLES

dans la collection « Ailleurs et Demain »

LE TEMPS INCERTAIN
LES SINGES DU TEMPS
SOLEIL CHAUD POISSON DES PROFONDEURS
UTOPIES 75
(en collaboration avec Ph. Curval, Ch. Renard
et J.-P. Andrevon)
LE TERRITOIRE HUMAIN
LES YEUX GÉANTS
L'ORBE ET LA ROUE
LE JEU DU MONDE

dans la collection « L'âge des étoiles »

LE SABLIER VERT
LE MONDE DU LIGNUS

aux éditions Seghers

LE CRÊT DE FONBELLE
(coll. « Mémoire vive »)

MICHEL JEURY

LES GENS DU MONT PILAT

Histoire de Claudia et Joseph,
mon père et ma mère

Récit recueilli par Michel Jeury

SEGHERS

Ce récit a été publié en 1981, sous le titre :
Le Crêt de Fonbelle.
La présente version a été remaniée
pour mieux respecter la chronologie.

ISBN 2-221-08452-7

À Stéphanie Planche : ses racines seront dans cette montagne.

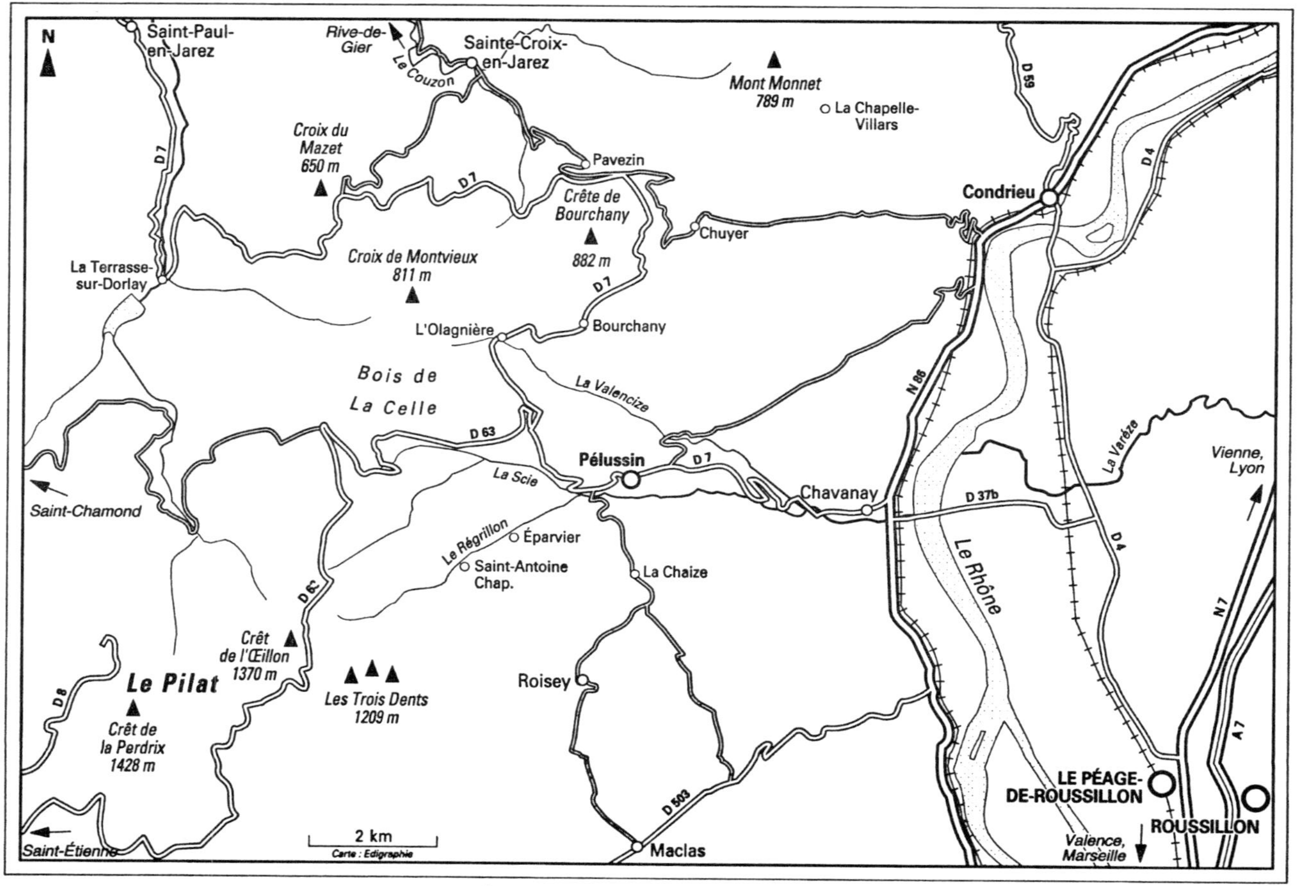

PÉLUSSIN ET LE MONT PILAT

Le massif du Pilat est une unité compacte qui appartient à la bordure orientale du Massif central, où elle relie les monts du Lyonnais aux monts du Vivarais. Elle est puissante, moins par ses altitudes, qui dépassent de peu 1 400 mètres, que par sa massivité. L'âpreté des gorges, la sévérité et le silence des plateaux battus du vent, la splendeur des forêts font sa beauté.

Petite géographie du département de la Loire, par M. Devun, Éditions françaises nouvelles, Grenoble, 1944.

Avant-propos

Sans changer de canton, j'ai vécu la plus grande partie de mon enfance dans deux pays à la fois. L'un était le Périgord, où je suis né et que je n'ai jamais quitté bien longtemps jusqu'à l'âge mûr. Il déployait ses fastes devant mes yeux éblouis, s'ouvrait à mes courses folles et à mes escapades buissonnières. Il se révélait aussi par les contes fantastiques que disaient les femmes aux veillées... J'ai transposé ces souvenirs-là dans mon roman *Le Vrai Goût de la vie.*

L'autre pays chantait dans ma tête et dans mon cœur avec la voix de ma mère. C'était celui de son enfance et de sa jeunesse. Il se nommait Pélussin-et-le-mont-Pilat. Je n'avais qu'à fermer les yeux pour voir le soleil se lever derrière la montagne et laisser mon imagination bondir dans les « chirats ».

Ma mère fredonnait, avec cette gaieté ardente et nostalgique que je lui ai toujours connue :

Pélussin, pays de belles montagnes,
Dont je garderai longtemps le souvenir...

Et il me semblait en l'écoutant retrouver la mémoire d'une vie antérieure.

C'est ainsi que j'ai pris l'habitude d'avoir un pays chantant à côté de mon pays réel. Ainsi peut-être que je me suis mis à faire chanter pour mes lecteurs mille contrées d'ici et d'ailleurs. Je crois que les écrivains sont de la race des paysans...

Le mont Pilat, dans l'arrondissement de Saint-Étienne, préfecture de la Loire, est à peu près équidistant des quatre départements voisins : le Rhône, l'Isère, l'Ardèche et la Haute-Loire.

Mes parents sont nés tous les deux à Pélussin, Loire : mon père, Joseph Jeury, en 1891 ; ma mère, Claudia Peillon, en 1896. Chacun à un bout de la commune : Joseph sur le flanc du Pilat, au hameau d'Éparvier, que surplombent la grosse bosse de l'Œillon et les pointes aiguës des Trois-Dents ; Claudia, au hameau de Bourchany, sous une crête douce qui s'étire à la perpendiculaire du massif principal, en direction du col de Pavezin.

Tout est dit, ou presque, dans ces deux vers de la chanson :

Du Pilat, j'aime la fougère
Ses cascades et ses ravins...

Ajoutons les forêts superbes qui partagent les pentes avec les prés et les éboulis. L'arbre, l'eau, les herbes sauvages : la flore du massif est réputée. Mes parents ont vécu leur enfance et leur jeunesse dans ce décor de verdure opulente et généreuse, tout percé de sources et trempé de rus. Ils ont gardé toute leur vie la nostalgie des sapins, des fayards et des fontaines à l'eau si pure.

Leurs noces d'or passées, ils ont eu envie de revivre dans le souvenir de cette époque rude, où la pauvreté et l'innocence nourrissaient la gaieté, où on savait rire et chanter, où on s'amusait d'un rien.

Tous les récits qu'on trouvera ici ont traversé, et bercé quelquefois, mon enfance. Je vois comme si j'y étais mon arrière-grand-père et mon arrière-grand-mère assis sur leur char à bancs tiré par le Mousse. Et quand je rencontre, n'importe où, un garçon ou une fille qui me propose une « revue d'étudiants » ou quelque chose de ce genre, j'entends mon arrière-grand-père, le coquetier, crier de sa place : « Boye, boye n'ion dou sous ! » Comment résister à cette voix d'outre-temps ? Je donne aussi mes deux sous.

Quelques expressions favorites de mes parents me poursuivent toujours, par exemple celle-ci, avec son énorme dérision : « Fort comme le vinaigre de Boudaude. » La légende prétend qu'on avait vidé un litre de ce fameux vinaigre dans le saladier et que la salade avait le goût de l'huile seule ! Ce n'est peut-être pas la faute du vinaigre : elle avait une âpre saveur, l'huile de noix d'autrefois...

Il est une autre image que je n'ai pu m'empêcher de transmettre à mes élèves quand j'étais instituteur. « Écoute-moi... un peu de silence... Ah ! il faudrait “la corne de Martin” pour se faire entendre ici ! » J’ai souvent rêvé de cette trompe qui sonnait si haut et si clair dans la montagne.

À cinq ans, j’ai découvert les mystères du langage quand mes copains ne me comprenaient pas parce que je disais que mon arrière-grand-père était « coquetier ». Dans le Sud-Ouest, le mot juste était « cocassier ». Aujourd’hui, ils sont enterrés côte à côte dans la fosse commune de la civilisation !

Certains mots venus du pays chantant, dans ce patois que je n’ai jamais parlé, mais que je comprends assez bien, surgissent sur ma langue ou sous ma plume, quand je cherche à exprimer quelqu’une de ces choses simples que les Parisiens, maîtres du beau langage, connaissent si mal.

À travers les récits de mes parents – comme par les fables des conteuses périgourdines – j’ai appris à craindre la nature et, à l’occasion, la surnature. L’orage dans la nuit, le chat-huant qui terrifiait ma mère, enfant, l’évoquent et l’incarnent, avec l’inquiétant « agneau noir », de plus en plus lourd sur l’épaule du voyageur qui l’emporte. Le pauvre homme ahane sous le poids : « Diable tu pèses ! – Diable je suis ! » s’écrie la maligne bête, s’enfuyant à la vue d’une croix de calvaire.

Ce conte-là est de la même famille que ceux du Périgord, où le diable pullule et court les chemins ou les bois, sous cent déguisements, à la poursuite des filles naïves et des garçons esseulés. S’il me hante encore, tout comme les histoires d’Émilie dans *Le Vrai Goût de la vie,* c’est sans doute qu’il est un lien entre mes deux pays, mes deux sources.

Claudia Peillon a passé une partie de son enfance chez ses grands-parents, les Françon, à proximité de L'Olagnière, un hameau dominant Pélussin, sur la route de Pavezin, aujourd'hui la départementale 7. Marchands de beurre, œufs, fromage, le grand-père et la grand-mère couraient les chemins avec le cheval Mousse, et rencontraient bien des aventures. Les fils Françon, les « oncles », exploitaient la ferme du bois de La Celle, non loin de L'Olagnière... Tout le clan s'entassait dans la petite maison. Famille, journaliers, amis, « passants », on était souvent dix ou douze à table. Un peu serrés, certes, mais quelle chaleur ! quelle bonne vie !

Les parents de la petite fille – mes grands-parents maternels que je n'ai pas connus – avaient aussi une petite exploitation un peu plus bas, à Bourchany, en descendant vers Chuyer. Ils élevaient des vaches, des chèvres, des cochons, des volailles, cultivaient quelques arpents de blé, de seigle, de pommes de terre.

Dès qu'elle paraît en âge de conduire les bêtes « aux crêts », Claudia retourne donc chez son père.

Ici, ce qu'on appelle « les crêts » ne correspond pas toujours à la définition jurassienne du terme. Si le crêt de l'Œillon et le crêt de la Perdrix, dans le massif du Pilat, sont de vrais sommets, avec des surplombs rocheux impressionnants, le crêt de Fonbelle, qui domine Bourchany n'est qu'une croupe sur une ligne de crêtes, dominant une pente raide mais adoucie par des ondulations touffues, où se mêlent champs, bois, landes et sources. Fonbelle, comme son nom l'indique, est aussi une source au milieu des bruyères et des genêts où les troupeaux venaient boire, en dérangeant la sauvagine et les oiseaux. De tous les lieux où ma mère a vécu son enfance et sa jeunesse, celui-là est resté le plus présent à sa mémoire.

Elle m'a dit ces mots, peu de temps avant sa mort, tout enfouie dans ses souvenirs : « Fonbelle... Fonbelle... le dernier paysage de mon cœur ! »

Claudia a sept ou huit ans : on est en 1903 ou 1904. Tout en menant son maigre troupeau, elle commence à faire du crochet : elle n'a jamais cessé depuis. Il y a au bout du monde la folle guerre russo-japonaise. La jeune bergère chante sans savoir (et elle se moque bien de savoir) :

Puisque la guerre est déclarée
Russe, mon cher frère, nous allons t'aider !

Mon père, Joseph Jeury, a cinq ans de plus que ma mère. Il vit avec ses parents et ses deux grandes sœurs au hameau d'Éparvier, de l'autre côté de Pélussin, non loin de la route qui monte au Pilat. On prononce « Jury » et on ajoute un surnom, qui différencie notre branche de la famille et dont l'origine se perd dans la nuit des temps : « Gare ». Les Jeury-Gare, ou pour beaucoup de voisins, *lou Gare,* sont de petits propriétaires, qui élèvent et cultivent... exactement la même chose que les Peillon. Les deux propriétés sont équivalentes : entre cinq et dix hectares, avec les pâturages des hauteurs. Les Jeury ont peut-être un peu plus de bois, car ils sont plus près de la vraie montagne, où foisonnent les *fayards,* où s'ébouriffent les grands sapins.

Joseph est un petit dernier, « venu sur le tard ». Il a deux sœurs, Marguerite et Marie, plus âgées que lui de onze et douze ans environ. Les parents ne sont donc plus très jeunes pour des paysans précocement usés par le travail et la vie rude de la montagne. Cela explique peut-être que l'enfant ait été élevé sans tendresse et laissé par sa mère aux soins, pas toujours diligents, des grandes sœurs. À sept ans, on le met en pension chez les frères, à Pélussin. Il ne supporte ni l'enfermement ni la discipline, assez cruelle. Il passe quelques jours à rêver de sa montagne, puis s'échappe et retourne en courant à Éparvier. Il n'était pas si mal chez lui, après tout. Il doit pourtant reprendre le chemin d'un autre pensionnat : encore heureux qu'il y en ait deux, à Pélussin, et même réputés dans tout l'arrondissement. Cette fois, c'est le bonheur, ou presque. Il aura son « certificat » à onze ans : la montagne l'a attendu.

Claudia, qui habite plus près de l'école – que ce soit l'école communale de L'Olagnière ou, plus tard, celle des sœurs à Pélussin – n'a pas connu la pension. Elle subira pire : à treize ans, en 1909, elle est arrachée à ses champs, à ses crêts, par la mort de son père, Antoine Peillon, et elle part à l'usine, au moulinage de la soie.

C'est le bel avant-guerre. Pélussin, « cure d'air » appréciée de la bourgeoisie stéphanoise et lyonnaise, connaît une activité intense avec ses quarante ou cinquante ateliers et usines, sur le bord des ruisseaux, sa « galoche », l'adorable petit chemin de fer départemental, ses trois paroisses et ses trois pensionnats, deux pour les garçons, un pour les filles.

La campagne s'emplit de cris et de chants. Les gens s'appellent et s'interpellent beaucoup, de terre en maison, de crêt en vallon et même, en ville, de balcon en balcon, de bout de rue en coin de place. Mille échos, gentils ou sauvages, jouent avec la voix humaine. La radio n'est pas tout à fait inventée, le phonographe est un objet rare : on n'a que les chansons que l'on se donne à soi-même, en chœur pour les fêtes de famille ou dans la solitude des bergers et des bergères.

Mais la guerre poursuit sa montée inexorable. La menace se précise avec la « loi des trois ans ». Jamais on n'a autant évoqué 1870.

Et toi, Bazaine, tu t'es conduit comme un lâche.
Dis-moi, Bazaine, pourquoi t'es-tu rendu ?

Parmi toutes les chansons de guerre que fredonnait ma mère lorsque j'étais enfant, il en est une en particulier qui exaltait mon imagination et me tirait souvent des larmes d'émotion patriotique. J'ai oublié son titre, si je l'ai jamais su, et je ne sais pourquoi ces quatre vers ont toujours eu le don de m'émouvoir au moins autant que n'importe quel poème sublime et magnifique :

Votre Marseillaise *on la connaît,*
Dit un Prussien à lunettes.
Un vieux Français la jouait,
Jadis devant nos baïonnettes...

La guerre 14-18 ouvre une longue parenthèse dans la vie de Claudia et Joseph – chacun de son côté. D'une certaine façon, cette parenthèse ne devait jamais se refermer complètement...

Claudia est commise d'épicerie à Pélussin, chez sa grand-mère, celle qui l'a élevée, à L'Olagnière, et qui s'est installée « en ville » depuis quelques années. La guerre a éclaté au moment où Joseph, âgé de vingt-trois ans, finissait son service militaire. Voilà le jeune montagnard dans la plaine d'Alsace, comme beaucoup d'autres. Il est blessé à la jambe en septembre 1914, dans les premières semaines du conflit. Six mois d'hôpital, à Vichy, la gangrène s'en va, ses souvenirs s'enrichissent, et c'est le retour au front. Il passe de l'infanterie au 75. À Verdun, son cheval est tué sous lui. Il s'en tire.

En permission, il vient rendre visite à sa sœur Marguerite, mariée au bourg de Pélussin, pas loin de l'épicerie de la mère Françon. Il lui a fallu faire bien du chemin et connaître bien des aventures pour combler les cinq ans et les cinq kilomètres qui le séparaient de Claudia.

C'est enfin la rencontre. Une longue correspondance s'ensuit. La guerre continue. Pour mon père, la campagne de Belgique, la « poursuite », la victoire... Claudia aura sa campagne de France, à l'occasion de la grippe espagnole, fin 1918, qui va décimer sa famille, côté Françon, et creuser bien des vides dans la population de Pélussin.

La guerre est finie, mais ainsi qu'on l'a toujours vu après toutes les guerres de tous les temps, « rien n'est plus comme avant ». Mariés, Claudia et Joseph vivent difficilement sur la petite propriété des Jeury. Maigre héritage. Les terres sont restées en friche pendant la guerre ; le bétail a été dissipé. Il faut indemniser les deux sœurs aînées, payer les réparations, racheter du bétail. Joseph a failli rengager, sous l'amicale pression de ses officiers qui lui faisaient miroiter de nouvelles aventures du côté de la Syrie. Mais des années de sardines avalées sans mâcher lui ont abîmé l'estomac et il ne retrouvera jamais complètement sa santé d'avant. Il a choisi sa montagne... et Claudia. Pourtant, il regrette la guerre, qui ne cesse d'embellir dans sa mémoire et devient vite le « beau temps », son meilleur temps. Il ne se sent pas à l'aise dans le monde qui va naître. Il a toujours un cheval dans la tête. Il ne consentira pas à monter sur une bicyclette et il ne sera jamais assez riche pour posséder une auto. Il se contentera d'un mulet... ou de ses pieds.

1930. Après dix ans de vains efforts, il faut vendre la propriété d'Éparvier, partir, quitter – pour toujours – le mont Pilat.

Adieu, Pélussin, pays de belles montagnes,
Dont je garderai longtemps le souvenir...

Le récit de ma mère qui clôt ce livre s'interrompt sur le quai de la gare, le matin du grand départ. Non que mes parents n'aient rien eu à dire sur le pays qui les a adoptés et où ils devaient finir leurs jours assez paisiblement, mon père en 1985, ma mère en 1986. Mais l'âge, la fatigue, l'oubli les ont quand même rattrapés, au début des années quatre-vingt. La suite de ce livre, nous l'avons commencée, tous ensemble. La maladie de mon père, sa mort, l'accablement de ma mère ont interrompu, puis brisé nos efforts. Claudia se repliait de plus en plus dans un passé lointain : sa jeunesse, les chansons d'autrefois, le dernier paysage de son cœur... « Et puis la suite, me disait-elle, tu la connais. Tu n'as qu'à la raconter. Après tout, c'est ton métier ! » Ainsi me passait-elle le relais.

Mon père est resté paysan jusqu'à sa retraite, vers 1955, sauf pendant trois ou quatre ans, à l'époque de ma naissance. Il a été, dès après la guerre, et plus encore à son arrivée en Dordogne, handicapé par un grave ulcère d'estomac et les séquelles d'une blessure à la jambe – sans pension. Métayer, domestique agricole, petit fermier, avec cette interruption, de 1934 à 1938, où il cassait des pierres dans une carrière. Reconnu invalide vers 1952, il a fini sa vie active comme gardien de château. Ma mère a le plus souvent travaillé la terre avec lui ; mais elle a été aussi ouvrière dans une usine de conserves, de 1938 à 1944, et femme de ménage au cours de ses dernières années d'activité.

Mais ceci est, comme on dit, une autre histoire,

que je raconterai une autre fois, en même temps que mon enfance, ne serait-ce que pour répondre au vœu de ma mère.

Je cède la parole à l'héroïne de cette belle aventure : une vie.

Du Pilat, j'aime la fougère,
Ses cascades et ses ravins.
J'aime aussi ses bois solitaires
Et ses monts hérissés de pins.

La Chanson du Pilat

Pélussin et le mont Pilat

La petite ville s'étire au pied de la montagne et se divise en trois parties : Pélussin-le-bas et la paroisse Notre-Dame, dont l'église est un monument historique ; puis en montant une longue rue en pente, le quartier des Croix, rassemblé autour de l'église Saint-Jean-Baptiste ; enfin, Virieu, tout en haut, avec le château et, à l'époque, la chapelle de l'hôpital, formant une troisième paroisse.

L'église Notre-Dame a sa légende, qui n'est pas d'une espèce rare. Au temps de ma jeunesse, on pouvait voir dans une petite crypte sombre une statuette en bois de la Vierge et l'Enfant, qu'on appelait Notre-Dame-sous-Terre. Elle avait à peine cinquante centimètres de haut, elle n'était pas lourde : on la prenait d'une main pour la faire embrasser aux enfants. On nous racontait qu'elle avait été trouvée là après la Révolution : alors, les gens de Pélussin lui avaient construit son église.

Plus tard, il a été décidé de bâtir une église neuve, aux Croix, pour le bien de tout le monde, puisque c'était le milieu du « pays ». Le châtelain a voulu qu'on monte la relique. Deux hommes sont allés la chercher. L'un des deux l'a prise dans ses bras, ce qui ne demandait pas un bien gros effort, et il l'a sortie devant l'église. Là, tout à coup, elle est devenue si lourde qu'il n'a pas pu l'emporter plus loin. Personne n'y comprenait rien.

Justement, un charretier passait avec son cheval : il apportait le charbon depuis la gare de Chavanay, à huit kilomètres de là. Quelqu'un l'a appelé pour lui demander de l'aide.

– C'est curieux, cette statue, elle paraissait peser rien du tout. Et puis elle est si lourde qu'on ne peut pas la monter aux Croix « à dos ». Veux-tu bien la charger sur le tombereau ?

Le charretier a accepté en riant. Ça ne lui faisait pas peur. On a chargé la statue à grand-peine. Allez, hue ! Le cheval a tiré de toutes ses forces, mais il n'a pas pu démarrer. Alors, on est allé chercher un voisin qui avait une paire de bœufs, très gros et très forts. Le voisin est venu avec ses bêtes et il a rigolé aussi.

– Alors, c'est cette petite affaire qui vous arrête ? Je vous jure que ça n'arrêtera pas mes bœufs !

Il a attelé ses bœufs devant le cheval. Beaucoup de curieux étaient venus voir et chacun disait la sienne. Et hue ! et ho ! Le fouet claquait. L'aiguillon a piqué les bœufs, mais le tombereau ne bougeait pas. Le cheval était tout couvert de sueur, les bœufs tremblaient, et le tombereau n'avançait pas d'un centimètre.

Les hommes se sont regardés et ils ont baissé la tête.

– Il vaudrait mieux reporter la statue où on l'a prise !

Ils ont déchargé la Vierge qui était redevenue toute légère. Ils n'ont eu aucun mal à la remettre au fond de sa crypte, où elle est peut-être toujours !

Le châtelain a compris. Il n'a pas insisté !

Ces charretiers, nous les avons connus. Ce n'étaient pas des gens tombés de la dernière pluie. Bien des années après, ils n'en étaient pas revenus !

Et moi, pendant la guerre de 14, j'allais trouver Notre-Dame et je lui racontais mes misères. Je pleurais un peu, là-bas, dans le coin, et puis quand je lui avais bien tout expliqué, je remontais chez moi et je me remettais au travail !

Même sans la statue de la Vierge, le quartier des Croix était devenu au début du siècle le plus important quartier de Pélussin. Il y avait un marché aux fruits et aux légumes et bien d'autres choses. On voyait souvent des marchands de grain, de paille, de fourrage, et surtout des marchands de porcs. La jeunesse venait pour se rencontrer.

Les filles allaient à la messe, les garçons se rendaient à la sortie de l'église pour voir les filles... En général, tout le monde s'arrangeait pour aller au moins un petit moment à la messe, au commencement, au milieu ou à la fin. Puis les jeunes se rencontraient, les fiancés s'offraient un verre. Ah ! on peut dire que les cafés travaillaient !

Les hommes se rendaient au marché des Croix pour acheter et vendre, pour voir un voisin, pour embaucher un journalier. C'est de là que vient la tournure : « Allez, casquettes, à la foire aux chapeaux ! » Ceux qui venaient pour embaucher portaient souvent le chapeau et ceux qui voulaient se louer avaient la casquette... Et tout ça finissait par un petit tour au bistrot.

L'église des Croix n'étant pas très ancienne, comme on l'a dit, les vieilles familles avaient leur caveau en bas, au cimetière de Notre-Dame. Ces familles-là étaient restées « de Notre-Dame ». Nous, nous allions aux Croix, parce que c'était plus près de Bourchany et aussi plus vivant. En bas, il n'y avait rien. C'était seulement le cimetière qui retenait les gens. Personne ne voulait se faire enterrer dans le cimetière neuf. Le premier qu'on a mis là était un enfant. Il n'avait pas protesté d'avance, le pauvret. Ses parents n'ont rien dit. On l'a amené là et il est resté longtemps tout seul, dans ce grand cimetière.

Le troisième quartier de Pélussin, c'est Virieu, avec le château et la chapelle de l'hôpital, ce qui faisait à l'époque une troisième paroisse. Un prêtre venait dire la messe pour les malades, et les gens y allaient. Ma grand-mère est venue habiter Virieu quand elle a quitté sa maison du bois de La Celle. Et c'est là que j'ai tenu son épicerie, plus tard, pendant la guerre.

Au début du siècle, Pélussin était une petite ville d'environ trois mille habitants. On y trouvait pas loin de cinquante usines de soierie, qui faisaient surtout ce qu'on appelait le moulinage. Elle a été électrifiée très tôt par un maire, M. Revollon, qui était très influent et qui avait un frère conseiller général.

Une ligne est venue directement de Grenoble. J'avais six ou sept ans : c'était donc vers 1902 ou 1903. Je me rappelle une discussion entre mes parents, un soir qu'on revenait de chez mes grands-parents. C'était l'époque où on plaçait les lampes dans Pélussin. On regardait depuis les hauteurs de Bourchany.

Ma mère disait à mon père :

– Mais non, mon Antoine, tu te trompes. Cette lampe, elle n'est pas au moulin, elle est dans la rue, là, à tel endroit.

– C'est pas possible, répondait mon père. Elle brille trop !

Moi, j'étais émerveillée par cet éclairage. Je racontais à ma grand-mère :

– Si tu savais, grand-mère, comme c'est agréable, l'électricité. On y voit partout. Il n'y a pas d'ombre derrière la lampe. Tu entends ? Pas d'ombre derrière la lampe... On peut même tricoter !

Et quand je songe au Pélussin de mon enfance, j'entends encore la chanson des conscrits. Ils avaient un peu bu, ces braves garçons, et ils couraient à travers le bourg, en criant à tue-tête :

Pélussin, bâti sur la roche,
Pélussin ne périra pas !

Depuis le Pilat, on voit le soleil se lever derrière le mont Blanc. C'est un spectacle magnifique, presque effrayant ; ça vous coupe le souffle. On dirait une immense cuve rouge, qui s'élève sur la montagne, et la montagne devient aussi toute rouge. C'est impressionnant. Et, à mesure que le soleil monte, il pâlit et paraît moins gros. Ah ! il faut avoir vu ça.

Quand on regarde les Alpes depuis les environs du mont Pilat, on distingue souvent, par temps clair, l'âne et le bœuf. Ce sont des rochers ou des glaciers. L'âne n'est pas très bien dessiné ; on ne le voit bien que si on a l'habitude. Le bœuf est très clair. Il est assis sur son derrière et il s'appuie sur ses pattes de devant, comme pour se lever. Il porte un collier noir et une clochette... Je n'ai jamais su où se trouvaient exactement ces montagnes. On nous disait : « Dans les Alpes, il y a d'immenses glaciers... » Quand j'étais petite, j'en avais remarqué un qui ressemblait à un mur. Il me semblait très brillant. Alors, je disais : « C'est un mur ! » On me répondait : « Non, non, c'est des glaciers. » Et je n'étais pas plus avancée.

Au fond de la vallée, on aperçoit les « gorges de Grenoble ». C'est une très jolie vue. Plus près, on voit le Rhône, vers le Péage-de-Roussillon, en Isère aussi. Maintenant, il paraît qu'on aperçoit l'autoroute et que, certains soirs, les phares des voitures font comme un long ruban de lumière.

En montant assez haut, vers le Pilat, on découvre très loin la vallée du Rhône. On peut voir, quand le temps s'y prête, tous les ponts jusqu'à Valence. Je me souviens... Nous remplissions nos paniers de champignons en admirant le panorama. Quelle vue magnifique ! Et sous chaque *génécriot,* une petite coulemelle ! Une petite coulemelle pas encore éclose... Le génécriot, c'est un petit genêt de montagne, rond et court. Souvent, en automne, chaque touffe abritait deux ou trois champignons. On avait vite fait de remplir son panier. Et, de temps en temps, on levait la tête pour regarder le Rhône qui semblait s'allonger là, juste au-dessous de la montagne.

Il y avait aussi les girolles, de grands ronds de girolles, à demi cachées sous l'herbe. On les voyait à peine. Des cercles qui n'en finissaient pas. Et les airelles, les groseilles, les framboises, les noisettes...

Avec mes grands-parents

Je suis née en 1896 à Bourchany, un hameau où mon père avait une petite propriété. Je suis restée avec mes parents jusqu'à l'âge de deux ans. Ils m'emmenaient souvent chez mes grands-parents maternels, au bois de La Celle, dans le haut de Pélussin. Le soir, quand ils repartaient, j'étais endormie ; alors, souvent, ils me laissaient.

Mes grands-parents avaient un commerce ambulant de beurre, œufs et fromage – on les appelait des « coquetiers ». Mes parents leur portaient deux fois par semaine ce qu'on appelait le « companage », c'est-à-dire la production de beurre et de fromage. Mes parents ne faisaient pas de beurre et ne livraient qu'un panier de rigottes.

À partir de cinq ans, j'ai fini par rester tout le temps chez mes grands-parents : il y avait au bois de La Celle une petite école, à cinq minutes de la maison de mon grand-père. Cette maison et la ferme qui l'entourait appartenaient au conseiller général, M. S., un riche avare qui ne voulait faire aucune réparation. Nous vivions à sept ou huit car il y avait mes deux oncles, dont l'un marié, un domestique et presque toujours un petit berger, un garçon de la ville que ses parents louaient toute l'année, à charge pour les loueurs de l'envoyer à l'école pendant l'hiver. Avec les journaliers, nous étions parfois dix ou onze à table dans cette vieille turne enfumée. Pourtant, je m'y plaisais bien. Nous étions un peu entassés, mais nous étions heureux.

Elle se composait de deux pièces, comme toutes les maisons de paysans, à l'époque. Le lit de mes grands-parents occupait un coin de la cuisine ; au milieu se trouvait la grande table de sapin qu'on lavait au moins une fois par semaine et, sur le côté, un grand placard à quatre portes, verni par la fumée. Ma grand-mère y mettait les provisions et la vaisselle. Je me souviens de ses assiettes épaisses qui servaient à soigner les maux de ventre : on les faisait chauffer dans le four de la cuisinière et on les posait sur la partie douloureuse, de préférence par-dessus la chemise.

Il y avait aussi les tasses et les bols. C'était la seule maison de la commune où on buvait le café tous les matins. On se cachait un peu, mais ça avait fini par se savoir. Il s'en parlait de loin !

Au milieu de la pièce, à côté de la table, trônait la cuisinière bois-charbon qui nous chauffait mieux que la cheminée et cuisait tous les repas. Elle avait sa légende... Mon grand-père avait rencontré un jour de neige et de verglas une carriole renversée dans le fossé, les brancards cassés. Les passagers, un couple, étaient assommés et blessés. Mon grand-père les a relevés, traînés sur la route et chargés sur son char à bancs comme il a pu. L'homme était un usinier de Saint-Chamond, qui fabriquait des poêles, des cuisinières et toutes sortes d'appareils de chauffage. Il a donc fait cadeau d'une cuisinière à son sauveur !

On l'allumait avec du bois, et quand elle était chaude, on la garnissait au charbon. Mon grand-père faisait venir un petit wagon de charbon par le « tacot », notre chemin de fer départemental, que les gens de la ville appelaient la « galoche ».

Sous l'escalier du grenier, on avait aussi le tommier, le fameux tommier qu'on retrouvait dans toutes les maisons. Il était rempli de moules en faïence, percés de petits trous : les faisselles. On versait dans les faisselles le fromage frais, un mélange lait de vache-lait de chèvre ; ainsi les tommes s'égouttaient, puis on les faisait sécher au grenier, dans de grandes cages grillagées qu'on appelait « chasières ». On les descendait ensuite à la cave, où elles devenaient des rigottes.

Dans un coin, ma grand-mère cachait sa machine à coudre, pour ne pas trop rappeler au grand-père une dépense qu'il jugeait inutile. C'était une New Orleans. Quand le grand-père n'était pas là, ma grand-mère et ma tante faisaient leurs corsages, leurs tabliers, tous leurs vêtements de semaine.

Nous avions deux ou trois chiens. Quand ils faisaient du bruit ou qu'ils gênaient quelqu'un, mon grand-père criait d'une voix terrible : *Ou core ! Véton ou core !* Ils filaient, la queue basse, se réfugier au coin du feu, qu'on appelait le *core,* avec les bûches, les fagots, les débris de bois.

La pièce était bien remplie. Mais la chambre, c'était pire. D'abord, elle servait de passage pour aller à l'étable, à la grange, à la source qui se trouvait au fond de l'étable et à la cave au-dessous. Il fallait donc la traverser très souvent. D'un côté du passage, il y avait le lit de mon oncle – Étienne, l'aîné, qui était aussi mon parrain – et de ma tante. Et, de l'autre côté, le mien. Il restait de la place pour une armoire, un buffet, un bahut. Et puis le pétrin dans un coin et le poêle au milieu... On a acheté une armoire supplémentaire pour le ménage de mon oncle. On l'a placée près de mon lit, et, la nuit, je l'entendais craquer. Elle émettait un petit « cric-cric » régulier ; au début, j'avais un peu peur. Puis je me suis habituée.

(Le temps a passé ; l'armoire a appartenu à ma mère. J'en ai hérité. Elle a maintenant près de quatre-vingts ans et elle produit toujours le même petit bruit, ni plus fort, ni moins fort. Exactement le bruit que j'entendais dans la chambre de la maison du bois de La Celle.)

Deux grandes horloges nous donnaient l'heure, chacune à sa façon. Celle de la chambre était à peu près juste ; mais celle de la cuisine avançait en général d'un bon quart d'heure, pour que le domestique et les journaliers se pressent un peu. Il y en avait toujours une qui sonnait quelque chose !

Ces deux pièces avaient des fenêtres à petits carreaux, elles étaient assez sombres. Quand il faisait beau, on ouvrait tout grand la porte d'entrée : ça donnait un peu de jour dans la cuisine.

Jean-Toine, le plus jeune de mes oncles, avait un lit au grenier : il n'y faisait pas très chaud, en hiver. Le domestique et le petit berger couchaient sur des paillasses, au-dessus de l'*étrablon* (petite étable) des moutons : c'était un peu plus chaud, mais ça ne sentait pas très bon.

Une belle lampe à pétrole en cuivre, avec un abat-jour en porcelaine, suspendue au-dessus de la table, éclairait la cuisine pendant les « petits jours ». Mais on ne l'allumait que pour faire la recette, c'est-à-dire compter l'argent, ou lorsque ma grand-mère était très en retard dans ses préparatifs. Il y en avait une autre, plus petite, dans la chambre.

Pour circuler, pour aller aux étables, au grenier, on avait des lanternes à quatre faces, avec un lumignon au pétrole à l'intérieur. Les lampes tempête n'existaient pas encore. Autour de nous, beaucoup de gens s'éclairaient encore avec des lampes à huile de chou.

On mangeait la soupe dans de petites soupières de la taille d'un bol. Celle du domestique était un peu plus grande. La mienne était petite et quand même bien trop grande pour mon estomac. Trois fois par jour, chacun attrapait sa soupière par l'oreille. Le dimanche, on mettait les assiettes creuses pour la soupe grasse, de bœuf ou de poule, que mon grand-père arrosait d'environ un demi-verre de son vin bien-aimé. Il était si fier de sa vigne ! En semaine, on ne sortait pas souvent les assiettes plates. Moi, j'avais ma petite assiette, mais les grandes personnes mangeaient leur lard sur leur pain et, pour la fricassée de « truffes », c'est-à-dire les pommes de terre sautées, piquaient dans le plat chacun son tour.

Entre Noël et l'an, ma grand-mère offrait un repas de fête à toute sa famille. Alors, on sortait la nappe et les serviettes ; les paysans étaient bien gênés.

Mon grand-père maternel était d'une famille nombreuse et très pauvre. Tout jeune, il allait travailler dans les bois ; il a fait des milliers et des milliers de fagots. Il avait acquis une petite maison dans la montagne. C'était plus facile que maintenant de se payer une maison en travaillant ; mais la sienne était vraiment minuscule : deux pièces grandes comme des mouchoirs de poche, au pied d'une muraille, et un étrablon pour le cochon où la pauvre bête pouvait à peine se tourner.

Ma grand-mère avait perdu ses parents ; elle vivait chez sa marraine qui ne demandait qu'à se débarrasser d'elle. Elle a connu mon grand-père vers 1860 et ça a fait un ménage. Ils se sont installés dans la petite maison de la montagne, du côté de Chirat-Renard. Ils ne possédaient pas, à eux deux, un seul meuble. Mon grand-père est monté au *chirat*[1] et il a

1. Gros éboulis dus à l'érosion.

coupé un cerisier sauvage pour en faire un lit. Ensuite, il a fait une table et deux tabourets. Puis ma grand-mère s'est trouvé la vocation du commerce : mon grand-père a acheté deux paniers d'osier et ils sont partis sur la route.

Ils se rendaient à sept ou huit kilomètres, chacun son panier au bras pour acheter du beurre, du fromage, des œufs... Ils achetaient même quelques douzaines de harengs à deux centimes pièce, et ils les revendaient au détail à un sou.

Ma grand-mère aimait bien raconter ses débuts. Elle disait à mes oncles : « Ah ! vous buvez le vin à plein verre, mais vous ne savez pas comment on a trimé pour s'acheter des vignes ! Quand on a commencé, qu'on n'avait que nos paniers, on emportait un morceau de pain et une bouteille d'eau. Quelquefois, on mettait une cuillerée de vinaigre dans l'eau pour que la boisson soit moins fade ! » L'hiver, par grand froid, la bouteille gelait. Le grand-père buvait le premier. Il soufflait dans le goulot pour faire fondre la glace. Un jour, le grand-père était malade. Un voisin avait accompagné la grand-mère. Ça représentait trente ou quarante kilomètres à pied dans la journée ; c'était toute une expédition. Enfin, la grand-mère avait acheté quatre sous de café moulu pour le grand-père qui était à la maison. À cette époque, le café avait un renom extraordinaire : il fortifiait, il calmait les maux de tête et il guérissait toutes sortes de maladies...

Au retour, la grand-mère avait rencontré un vieux, qui était son parent éloigné et qui avait fait un peu de route avec elle.

Ce vieux reniflait.

– Ah ! ça sent le café par là. Ça sent le café quelque part !

La grand-mère baissait la tête et ne disait rien. Un peu plus loin, le vieux l'a regardée d'un air soupçonneux.

– Mais ça sent toujours le café ! Il y en a qui se privent de rien !

Alors, la grand-mère s'était mise en colère.

– Ah ! oui, on se prive de rien ! Parce que j'ai quatre sous de café dans ma poche, pour mon mari malade, le pauvre homme. Lui qui boit de l'eau tous les jours sauf le dimanche et qui ne mange même pas son saoul pour économiser... Si c'est pas malheureux d'entendre ça !

Ils marchaient beaucoup, aussi leur plus grand problème était celui de la chaussure. Au moment de leur mariage, mon grand-père avait acheté des bottes et ma grand-mère des bottines ; mais s'ils avaient mis ces chaussures tous les jours, elles auraient duré à peine quelques mois. Ils les gardaient pour les dimanches et pour les grandes occasions. Ils comptaient bien qu'elles leur serviraient une bonne partie de leur existence. Pour le commerce, ils portaient des galoches cloutées ; mais ils perdaient leurs clous sur la route. Deux ou trois fois par semaine, le grand-père devait prendre son marteau et mettre des clous neufs.

Les affaires allaient bien. Après deux ou trois ans, ils ont pu acheter un âne. Ils continuaient de marcher à pied, bien sûr, mais l'âne portait les paniers ; ils ont donc augmenté le chargement.

Cela se passait avant la guerre de 70. Ma mère est née en 1865. Il a bien fallu que la grand-mère s'arrête quelque temps. Le grand-père n'avait pas apprécié de faire le travail et le chemin tout seul. Il n'a pas voulu recommencer pour la naissance du second enfant. Et, pour ma grand-mère enceinte, ce n'était pas bon de tant marcher.

Alors, ils ont trouvé une ferme à louer dans la commune de Sainte-Croix, au-dessus du réservoir de Rive-de-Gier. C'était une assez grande propriété qui appartenait à un médecin polonais. Étienne est né là. Les grands-parents ont beaucoup travaillé. Il paraît qu'à un moment, pendant la guerre de 70, les produits de la terre se vendaient bien. Ils ont gagné un peu d'argent. Aussi ils ont décidé de reprendre leur commerce avec un cheval. Ils sont revenus à Pélussin ; ils ont acheté le Papillon et un char à bancs pour l'atteler. Ils ont donc recommencé à acheter les companages, beurre et fromage, ainsi que les œufs et quelques autres produits, des fruits, des raisins, du miel, qu'ils allaient vendre vers la Terrasse-sur-Dorlay, Saint-Paul-en-Jarez et surtout Grand-Croix, Lorette, Rive-de-Gier, ces gros bourgs qui s'alignent sur la route Saint-Étienne-Lyon, entre Saint-Chamond et Givors.

Ils achetaient à Pélussin et à Maclas, surtout à Maclas. Et puis quelques montagnardes leur portaient le companage chez eux, comme ma mère plus tard. Pour la vente, les gros clients étaient livrés à domicile ; les autres venaient se faire servir à la voiture. Il y avait des clientes régulières que ma grand-mère appelait ses « pratiques ».

Elles étaient là, ces femmes, leur meilleur panier sous le bras, ou le plus propre, avec un torchon ou un morceau de journal au fond. C'est que le papier était rare. Les clientes qui voulaient des pommes de terre ou d'autres légumes avaient un filet ou un sac ou un panier sale... La grand-mère se tenait sur le char à bancs. Elle faisait passer le beurre, le fromage et les œufs. Le beurre était à moitié enveloppé dans une ou deux feuilles de blette. Le fromage et les œufs n'étaient pas enveloppés du tout. Le grand-père était par terre. Il faisait le tour du chargement pour servir et peser les pommes de terre et les châtaignes, puis les volailles et les lapins quand ils se sont mis à en vendre. La balance était posée à l'arrière du char. Il y avait aussi une petite romaine qu'on appelait « le crochet » pour peser les bêtes.

Chacun d'eux se faisait payer ce qu'il avait vendu. Parfois, une bougresse s'arrangeait pour leur faire perdre un sou ; ou une autre cassait un œuf, mettait le doigt dans une motte de beurre. Un jour, une bonne femme avait même léché la cuillère qui servait à prendre le miel dans le seau. Les grands-parents s'étaient mis à deux pour l'engueuler. Elle avait répondu avec aplomb :

– Oui, je l'ai fait. Eh bien, je m'en confesserai !

Je me souviens d'un petit berger nommé Charles qui vivait au bois de La Celle ; il avait dans les quatorze ans. Il avait passé l'âge de l'école ; mais ma grand-mère l'envoyait à la messe tous les dimanches. Elle le questionnait à son retour :

– Tu as bien été à la messe, Charles ?

– Oh ! oui, mère Françon !

– Est-ce que le curé a prêché ? Qu'est-ce qu'il a dit ?

– J'ai pas bien compris. Je crois qu'il a parlé du bon Dieu.

Alors, par la suite, il n'attendait pas les questions. En arrivant, il claironnait depuis la cour :

– J'ai été à la messe, mère Françon. Le curé il a chosé !

Les bergers étaient souvent embauchés à la *foire à la loue,* comme les compagnons moissonniers ou faucheurs. Les plus petits, on était censé les envoyer à l'école l'hiver, quand on ne pouvait pas les occuper. Leur scolarité ne dépassait guère quinze jours au moment de la neige. Quelques-uns arrivaient quand même à apprendre à lire. On les habillait aussi, enfin de moitié avec les parents, s'ils étaient jeunes et ne travaillaient pas beaucoup. De temps en temps, on leur donnait deux sous. Un peu plus, chez les riches, pour la Saint-Jean qui était leur fête ; la foire à la loue de Pélussin tombait justement ce jour-là. En plus des piécettes, ils avaient droit à une tartine de confiture, un morceau de saucisson et une petite fiole qui contenait à peu près un demi-verre de vin avec le double d'eau...

Ma grand-mère m'avait appris ma première chanson.

Mon papa et ma maman
Ils ne sont pas bien bon enfant

À la moindre des sottises
Ils me lèvent ma chemise
Mon petit cul prends garde à toi
Le fouet est derrière toi...

J'avais des dispositions. À quatre ans, avant d'aller à l'école, je répétais toutes les rengaines que j'entendais. Par exemple :

Allez chanter plus loin l'amour et la jeunesse,
Ne vous arrêtez pas sur le pont des soupirs...

Ah ! ça m'allait bien !

Mes grands-parents voyageaient un peu pour leur commerce. Mon grand-père était assez généreux, suivant ses moyens. Il donnait toujours quelque chose aux mendiants ou aux malheureux qui vendaient des chansons ou des almanachs. Le jeudi, au marché de Pélussin, il y avait un petit marchand qui brandissait son paquet de chansons. Une fois, je les avais accompagnés, je me souviens. Le marchand est arrivé comme ils allaient partir. Ils étaient sur le char à bancs. Mon grand-père a fait un geste. Il a dit à la grand-mère :

– *Boye ! Boye nion dou sou !*

Donne, donne-lui deux sous... La grand-mère avait glissé la pièce. L'homme avait tendu sa chanson. Alors, le grand-père :

– Garde ! Garde ton papier. Moi, je sais pas lire !

Ma grand-mère a pris la chanson.

– Mais c'est qu'il y en a qui savent lire à la maison !

Cette scène se renouvelait souvent. La grand-mère rapportait donc des chansons et ses fils se moquaient d'elle. Ça n'intéressait personne, sauf moi quand j'ai su lire.

Vers sept ans, je commençais à fredonner tout ce que je trouvais. Quand je ne connaissais pas l'air, j'en inventais un à ma façon. Je ne comprenais pas grand-chose à l'histoire, mais ça ne me gênait pas.

Ainsi, j'ai chanté la guerre russo-japonaise, qui s'était déclarée quand j'avais huit ou neuf ans. Les Russes étaient nos alliés, on s'intéressait un peu à cette affaire.

Petit matelot, pioupiou soldat de France,
Si tu vas là-bas, hardi, tape dans le tas !
Comme à Pékin, courage, c'est pour l'Alliance.
Dis au Mikado : tant pis mon vieux, gare aux pruneaux !
La femme française ne manque pas d'attraits ;
La petite Japonaise, parfois, c'est coquet.
Et puisque la guerre vient de se déclarer,
Russe, mon cher frère, nous allons t'aider !

Mais comme il en fallait pour tous les goûts, il y avait aussi un couplet qui s'adressait au peuple :

Assez, assez de carnage !
Assez de sang et d'horreur !
Vous vous tuez avec rage
Pour plaire à deux empereurs...

Chanter des complaintes guerrières ne m'empêchait pas d'avoir très peur du chat-huant.

Le bois de La Celle était tout proche. Beaucoup d'oiseaux de nuit y vivaient. La lumière les attirait ; ils venaient sur le hêtre de la cour, un arbre touffu, énorme... Le soir, je sortais pour faire pipi. Il y en avait toujours un là-haut, qui criait : Ho ! ho ! ho ! ho ! d'une voix presque humaine et j'étais terrifiée. Mes oncles se moquaient de moi. J'étais très malheureuse parce que je croyais être la seule au monde à avoir peur. Un jour, j'ai eu l'occasion de voir que ce n'était pas le cas.

Un cousin de Saint-Étienne, agent de police de son état, rendait visite aux grands-parents de temps en temps. Il couchait au grenier, avec Jean-Toine. Il venait en général le samedi et passait le dimanche. Un soir, mes oncles ont fait traîner un peu le souper et ils ont déclaré qu'ils allaient à la pêche aux écrevisses. Le cousin a accepté de les accompagner ; on a cherché des bottes pour lui ; on a préparé les lanternes. J'ai eu la permission de veiller jusqu'à leur départ. Ils sont sortis tous les trois vers onze heures et je suis allée au lit.

En me levant, le lendemain matin, j'ai vu un grand seau dans un coin de la cuisine. Je me suis approchée ; le seau était aux trois quarts plein d'écrevisses qui baignaient dans l'eau en grouillant. C'était la première fois que je voyais ces bestioles. Les oncles devaient bien en pêcher de temps en temps ; mais ils les posaient dehors ou bien sur le char à bancs et la grand-mère les portait à ses bons clients. J'ai regardé ces bestioles avec attention ; puis ma grand-mère et ma tante se sont mises à les préparer. J'ai appris qu'on allait les manger à midi. Je les ai trouvées bien plus jolies quand elles ont été cuites.

Quand le plat est arrivé sur la table, mon grand-père a fait mauvaise mine ; il a pris une figure de dédain qui m'a donné envie de rire et il a demandé si on était devenus pauvres au point de manger les « sauteraux maigres ». Finalement, le cousin a emporté plus de la moitié des écrevisses pour sa femme et sa fille.

Pendant le repas, mes oncles ont raconté la pêche. Le cousin baissait le nez dans son assiette. Il avait eu toutes sortes d'ennuis, ce pauvre cousin. Il était tombé à l'eau ; il s'était égratigné ; il avait été pincé par les écrevisses et il avait eu peur. Il avait attrapé une truite qui lui frétillait dans les mains... Mon oncle Jean-Toine en avait profité pour dire qu'il entendait du bruit :

– Ça serait-il pas les gendarmes qui sont à nos trousses ?

Le cousin avait très peur d'être pris à braconner par les gendarmes. Il disait que ça aurait été grave pour sa situation. Il avait lâché la truite. Les autres riaient.

– Les gendarmes, ils dormaient. Quand on a envie d'aller aux écrevisses, on les appelle pas !

Et puis mon parrain lui avait fait attraper un serpent d'eau en lui disant que c'était un poisson. Il avait, paraît-il, poussé un cri de terreur. Et mes oncles s'esclaffaient.

– C'est égal, disait-il. Vous êtes courageux pour faire des escapades comme ça !

Et moi, je m'arrêtais de manger pour regarder ce grand monsieur qui avait tellement peur des petites bêtes. Je me disais : « C'est pas possible. Les écrevisses, ça n'a pas l'air bien dangereux. C'est quand même pas un chat-huant ! » Le chat-huant, je ne l'avais jamais vu. Je l'entendais crier très fort. D'après ce qu'en disait mon grand-père, j'imaginais une bête plus grosse que moi, une sorte d'ours ailé.

Et puis, comme tous les petits campagnards, je trouvais les enfants de la ville très bêtes. Quand on voulait les faire jouer avec nos chiens ou nos chèvres, ils se sauvaient stupidement. Peut-être les gens de la ville n'étaient-ils pas aussi courageux que nous. Puisqu'un grand monsieur, agent de police à Saint-Étienne, avait peur des écrevisses, les enfants qui ne venaient pas souvent à la campagne pouvaient bien avoir peur des chiens et des chèvres... Ah ! s'il n'y avait pas eu le chat-huant, je me serais sentie la reine de la montagne !

Mon premier travail a été de garder les dindons de mes grands-parents. Mon grand-père achetait les dindonneaux au marché de Sablons ou de Beaurepaire, en Isère. On me donnait donc un troupeau de cent ou cent cinquante bêtes que je conduisais dans les bois de hêtres. Leur endroit préféré était un revers de coteau bien abrité, où le vent n'emportait pas les feuilles. Il se formait une couche épaisse que mes jeunes dindons grattaient avec frénésie. On ne peut pas s'imaginer la force que ça a dans les pattes, ces oiseaux-là ! Ils faisaient des trous énormes ; ils en sortaient des vers, des faînes, de vieilles faînes germées et puis, bien sûr, ils ramassaient les faînes de l'année dès qu'elles tombaient ; ils n'en laissaient pas une. Ils bouffaient comme des démons ; ils avaient des jabots énormes. J'étais très fière de leur appétit.

Mais il fallait les ramener à la maison. Souvent, le soir, une espèce de folie les prenait. Ils volaient de tous les côtés. Ils se perchaient dans le bois. J'en avais quinze ou vingt autour de moi, ceux qui traînaient la patte. Je les poussais vers la cour. Ils logeaient au-dessus de l'étrablon des cochons. Quand ils étaient rentrés chez eux, ils se mettaient à glousser de satisfaction et ils appelaient les autres qui répondaient : ça gloussait de partout. Je partais à la recherche des retardataires. Si la nuit ne tombait pas trop vite, j'arrivais à les rassembler tous. S'il était tard ou s'il faisait mauvais temps, ma tante et mes oncles venaient m'aider. Quelques-uns refusaient de rentrer et passaient la nuit perchés à la pointe des grands peupliers.

Quand on avait ramassé les plus belles châtaignes, je les conduisais dans les bois de châtaigniers et ils mangeaient les autres, le tout-venant, même les gros marrons qu'on avait oubliés. Ils étaient capables d'avaler des fruits énormes. Quand un petit serpent leur tombait sous le bec, ils l'engloutissaient aussi. Ils trouvaient leur nourriture jusqu'à l'hiver, et même au début de l'hiver, tant qu'il n'y avait pas trop de neige. À ce moment, on leur donnait un peu d'avoine et des petites châtaignes, le rebut du tri pour la vente. Mais ils ne coûtaient presque rien et ils rapportaient pas mal d'argent aux grands-parents.

J'étais heureuse de me rendre utile.

Je voyais mes parents deux fois par semaine, le dimanche et le jeudi. Le jeudi, ma mère apportait son companage normal, quinze ou vingt livres de rigottes, puisqu'elle ne faisait pas de beurre. Le dimanche, mes parents venaient me voir et livraient souvent un supplément de fromage. Quand j'ai été plus grande, je restais chez mes grands-parents l'hiver, pour aller à l'école, et pendant les vacances, j'allais garder les vaches chez mes parents. Puis je ramassais les noix et les châtaignes, je participais aux travaux de l'automne... et je rentrais à l'école avec deux mois de retard.

J'ai appris à lire assez vite, en écoutant les plus grands. Compter m'a paru facile. La maîtresse posait une planche sur ses genoux, puis elle prenait une boîte pleine de cailloux du Rhône. Elle en sortait quelques-uns qu'elle posait sur la planche ou sur la boîte. Un... deux... trois... cinq... Elle en enlevait un ici, elle en mettait deux là... Et ainsi de suite. Nous étions à genoux autour d'elle... ceux qui voulaient apprendre... et ceux qui ne voulaient pas restaient à leur place. Nous apprenions à soustraire, additionner, multiplier... « Allez ! J'en prends un ici et je le mets là, ça fait combien ? Je fais un tas ici, un autre pareil à côté, ça fait combien de cailloux ? » Oh ! ça a été très vite.

Je suis rentrée à cinq ans et demi. Les petits lisaient sur le mur avec une baguette de noisetier ; c'était tout indiqué pour taper sur la tête de ceux qui n'écoutaient pas ou qui ne savaient pas. Ceux qui étaient bêtes ou trop en retard, la maîtresse les oubliait dans leur coin et ne s'en occupait plus au bout d'un certain temps. Elle disait : « À blanchir un âne noir, on perd son savon ! » Et ça, c'est bien vrai !

L'année d'après, j'ai eu mon premier livre. On lisait toujours à la rentrée d'une heure. On relisait très longtemps la même leçon, si bien que je la connaissais par cœur. Une fois, je me suis fait taper sur les doigts. Mon tour est arrivé. « Allez, à la suivante, Claudia ! » Je ne suivais pas, mais je savais où on en était et j'ai commencé à réciter. Alors, j'ai reçu un coup de baguette sur les doigts.

J'ai commencé à faire des barres sur mon ardoise. Je tâchais de garder mon crayon neuf ; mais on me le prenait et on me le cassait. Puis, un jour, j'ai apporté mon premier cahier à la maison. J'étais un peu fière. J'ai appris à copier. Nos cahiers devaient être propres. On nous punissait pour les taches.

Nous écrivions à l'encre violette. Nous avions un encrier cannelé enfoncé dans la table. Les parents nous chargeaient quelquefois d'apporter un sou ou deux sous d'encre à la maison. L'institutrice vendait l'encre ; c'était l'habitude. On apportait un flacon. Elle avait une mesure pour un sou et pour deux sous. Elle nous servait le soir, avant la sortie. Mais tout le monde ne pensait pas à acheter de l'encre. Beaucoup de gens n'avaient même pas d'encrier. Quand ils voulaient écrire une lettre, ils empruntaient celui du voisin. Après, ils envoyaient un gosse acheter un timbre à la poste ou chez le *pipot*, c'est-à-dire au bureau de tabac.

La cour de l'école n'était pas fermée et les grands galopaient tout autour. Ils s'amusaient dans un fenil abandonné, qui appartenait à M. S., le propriétaire de mes grands-parents. Ils se cachaient dans le foin, se battaient, sautaient et faisaient les fous. À côté, il y avait une immense écluse, une pièce d'eau, où vivaient des couleuvres de trois mètres, grosses comme un poignet de femme. Aucun parapet n'existait, ni aucune barrière, et certains s'amusaient à marcher à cloche-pied tout au bord, une jambe au-dessus de l'eau. Je me demande toujours comment la moitié d'entre nous ne se sont pas noyés là-dedans. Pourtant, je ne me souviens pas d'un seul accident.

Le matin, on rentrait à huit heures. L'hiver, la maîtresse nous faisait rentrer au fur et à mesure de notre arrivée. Souvent, nous lui lavions sa vaisselle, nous allumions son poêle et balayions sa cuisine ; c'était assez crasseux chez elle et ça ne sentait pas bon. Malgré ça, j'aimais bien m'occuper de son ménage. On allait aussi chercher son eau en bas de la cour, à une fontaine où on avait à peine la place de mettre la cruche.

C'est qu'il lui manquait un bras ; elle avait seulement un moignon qui lui servait bien pour nous taper. Elle ne pouvait pas faire certains travaux. Une vieille femme venait la coiffer. Je ne sais pas comment elle se débrouillait pendant les vacances.

En classe, elle se tenait assise près d'une fenêtre. On aurait cru qu'elle regardait dehors ; mais elle nous surveillait et rien ne lui échappait. Elle avait un gros chat qui dormait à côté d'elle sur une table. Ma première composition française fut justement « le portrait de mon chat ». La classe était une longue pièce assez claire, avec deux grandes fenêtres. Il y avait un calorifère au milieu et, tout au fond, une vieille horloge avec une table de rebut. Entre la table et l'horloge, il y avait tout juste assez de place pour un puni... à condition qu'il ne soit pas gros. J'y suis allée une fois parce que ma tante m'avait envoyée en retard. La maîtresse m'avait cognée avec son moignon parce que je n'entrais pas assez vite dans ce passage étroit.

Des cartes de France et du monde étaient accrochées aux murs. Elle nous avait dit une fois que l'Italie avait la forme d'une botte et je ne l'ai jamais oublié. Avec son bâton, elle nous montrait les villes, les fleuves, les mers. Bien sûr, nous apprenions les départements.

On me faisait quelquefois des misères, parce que ma grand-mère m'habillait peut-être un peu mieux que les autres. Elle m'arrangeait ses robes quand elles ne lui allaient plus. Les autres filles jasaient là-dessus. Une de mes robes avait des grains de café ; d'un côté, elle était rouge et noire de l'autre. Quand je la portais, on m'appelait « la rouge ». « Tiens, voilà la rouge ! »

Mais j'avais un copain qui me défendait. Il avait deux ou trois ans de plus que moi. Il venait de perdre sa mère, le pauvret. Il ne s'amusait jamais. Il s'asseyait sur l'escalier et il regardait les autres. Personne ne lui parlait et il ne parlait à personne. Quand on me chamaillait ou m'embêtait, il m'appelait. « Viens là ! » Je m'asseyais à côté de lui et on me laissait tranquille. Je le trouvais fin, distingué, un peu gringalet dans sa blouse noire. Je n'ai jamais osé lui dire un mot. Mais je ne l'ai pas oublié. L'année d'après, il est parti à Pélussin ; je ne l'ai jamais revu.

Vers la fin de l'année, la maîtresse se mettait à lire nos livres de prix. Elle nous en donnait beaucoup et elle les lisait tous avant la distribution. Nous nous poussions du coude, avec des sourires joyeux et des chuchotements qui nous valaient bien vite un rappel à l'ordre.

Les livres n'arrivaient pas assez tôt pour qu'elle ait fini de les lire à la sortie. Alors, elle nous faisait revenir quelques jours plus tard. « Tel jour, vous viendrez chercher vos prix ! » C'était un événement. Personne ne manquait le rendez-vous. Elle commençait par faire un discours. Elle nous recommandait d'être gentils, de bien nous conduire, d'obéir à nos parents et de ne pas oublier notre prière matin et soir. Quand elle parlait de prière, beaucoup d'entre nous baissaient le nez. Une fois par jour, on y pensait, mais deux... on en manquait toujours une. Elle nous offrait une occasion de nous rattraper. Nous disions avec elle un Notre-Père et un Je vous salue ; puis elle s'installait à son bureau. Les livres étaient là.

Nous regardions à nous faire sauter les yeux hors de la tête. Nos cœurs battaient. Elle commençait par appeler les tout-petits pour leur donner un jouet. Je n'ai jamais eu de jouets. Comme je savais lire à la fin de la première année, j'ai eu droit à un livre.

L'année où j'ai quitté le bois de La Celle, j'en ai eu trois. Trois énormes livres. J'avais neuf ans ; ces trois livres, je pouvais à peine les porter. Il y avait *La Berrichonne, Le Saltimbanque* et un roman de George Sand dont j'ai oublié le titre et qu'on m'a volé plus tard.

Le dimanche, on ajoutait un banc au char, on mettait des coussins sur le banc de devant, où s'asseyaient les grands-parents, et le Mousse emmenait tout le monde à la messe. Le grand-père nous attendait à la sortie de l'église et il nous offrait le café. Il avait vu quelques clients, car un petit marché se tenait sur la place des Croix. Le facteur en profitait aussi pour distribuer les lettres qu'il n'avait pas eu le temps de porter dans les maisons au cours de la semaine.

Les paysans proposaient au grand-père qui un sac de pommes de terre ou de châtaignes, qui une corbeille de poires, qui un seau de miel. « Si tu veux, je te les porterai demain... » Donc, on allait boire le café et le grand-père mettait un morceau de sucre de côté pour son cheval.

Le Mousse était attaché avec son attelage à un platane, au coin de la place. Il attendait son sucre. Quand il l'avait croqué, il en aurait bien voulu un autre. Il fouillait la poche du grand-père avec la langue et le museau. Il avait fini par déchirer la veste qu'on avait dû porter au tailleur. Alors, la grand-mère avait décidé que ce serait elle qui donnerait le sucre au Mousse. Le grand-père en avait été très affecté.

Ce Mousse était un cheval entier. Le grand-père n'avait pas voulu qu'il soit hongre pour lui garder toute sa vigueur. Quand il rencontrait une jument, il se mettait debout dans ses brancards et hennissait comme un fou. Il secouait le char à bancs et ceux qui étaient dedans ; il avait manqué le renverser deux ou trois fois. Le grand-père balançait les rênes et secouait le mors tant qu'il pouvait. Il tapait du pied si fort qu'il avait fini par faire un trou dans le plancher du char. La grand-mère attrapait le fouet et elle avait vite fait de ramener à la raison ce joli cœur !

Moi, je trouvais ça très amusant, d'autant que c'était un peu dangereux. Une autre scène amusante qui se passait le dimanche à Pélussin. Le Mousse avait donc l'habitude de faire la chine entre Grand-Croix et Rive-de-Gier ; alors, le dimanche quand il voyait une femme avec un panier, il s'avançait à sa hauteur et, quand il était à sa portée, il s'arrêtait. Les femmes de la ville se croyaient menacées et elles étaient très effrayées.

Le Mousse était une brave bête. Il en a fait des kilomètres entre Pélussin et Rive-de-Gier ! Le pire, c'était les jours de tempête, quand la « sibère » soufflait. Il avait peur des branches ou des touffes de genêts qui traversaient la route. Quand il avait le vent de face, il peinait pour monter les côtes ; parfois, il s'arrêtait complètement et tapait du pied en hennissant.

Dans ces moments, les grands-parents ne pouvaient pas tenir leur lanterne allumée.

C'était une lanterne munie d'un manche qu'on

enfonçait dans une douille du char à bancs. Elle avait trois plaques de verre, une devant et deux de chaque côté, avec une bougie à l'intérieur. Elle donnait une toute petite lumière ; la clarté s'étendait à peine jusqu'à la tête du cheval, mais il y était habitué et ça le guidait un peu. Quand le vent soufflait la bougie, il s'arrêtait. On protégeait la flamme en mettant un morceau de tissu derrière la lanterne. Mais, en cas de tourmente, on ne pouvait même pas rallumer la bougie.

Le grand-père descendait pour guider le cheval. Il tâtait le terrain avec un bâton. De temps en temps, la grand-mère essayait de rallumer la lampe. Les accidents étaient fréquents les nuits de tempête ; les gens passaient sous les ponts, les chevaux ou les vaches basculaient dans les ravins, entraînant leur chargement...

Souvent, les gendarmes partaient en chasse. Les soirs de vent étaient bons pour les procès, comme on disait. L'éclairage était obligatoire. Quand les grands-parents n'avaient pas de lumière, ils étaient passibles d'un procès... et ça leur arrivait plus souvent qu'à leur tour. Les gendarmes connaissaient leurs jours de tournée et ils les guettaient au retour. La grand-mère essayait de se rebiffer.

– Mais la lanterne était allumée il y a une minute. Elle est encore chaude !

– Peut-on s'y rapporter ? demandait un gendarme.

L'autre allait toucher gravement la lanterne.

– Non, non, elle n'est pas chaude !

Sous le sibère, le vent du nord qui tourmentait, la pauvre petite lampe ne pouvait pas être bien chaude.

Et impossible de tenir une seconde la flamme d'une allumette pour rallumer la bougie... Les gendarmes en profitaient.

– Écoutez, est-ce que vous avez un feu, oui ou non ?

– Hé ! malheur ! Vous voyez bien que non !

– Alors, vous avez droit à un procès !

Et les grands-parents repartaient sans feu, soulagés de quelques sous. À Saint-Paul-en-Jarez, les amendes étaient plus chères qu'à la Terrasse. Quand ils avaient dépassé Saint-Paul, en rentrant, ils étaient tout contents. Mais ils discutaient ; ils manquaient de repères, surtout quand la neige recouvrait uniformément la montagne. Ils ne savaient jamais très bien où ils étaient entre deux bourgs. Ils avaient peur.

Le grand-père faisait le fier avec son fouet. C'était un fouet à manche de jonc tressé, avec le talon incrusté de clous de cuivre : ça aurait pu faire une arme... On parlait souvent d'agressions. Les gens se faisaient assommer et prendre leurs sous. Quelquefois, ils y restaient. Les grands-parents n'étaient pas tranquilles. Ils pensaient à la recette, sous leurs fesses... car ils mettaient leur bourse dans la panière du beurre et ils s'asseyaient dessus. Le vendredi soir, elle était pleine et tout le monde le savait. En ce temps-là, on tuait pour quelques francs. La grand-mère tremblait. Mais ils n'ont jamais été attaqués.

L'été, ils redoutaient les orages, souvent très violents dans la montagne. Éblouis par les éclairs, le Mousse refusait d'avancer. Une nuit, ils ont cru entendre des appels au secours : « hôôôô ! hôôô ! » Ils ont dit :

– Ça doit être la Bérarde qui s'est perdue avec son cheval !

La mère Bérard était une femme seule qui habitait dans cette région et rentrait quelquefois assez tard. Les éclairs se succédaient. Le Mousse n'avançait plus. Les grands-parents étaient trempés sous leurs capes en toile de bâche. Encore heureux d'avoir pensé à emporter ces vêtements de pluie, le matin. Et ils entendaient toujours ces cris effrayants.

– Mon Dieu ! La pauvre femme, dans quel état elle doit être !

Ils ont pensé qu'elle s'était trompée de chemin, qu'elle avait pris la nouvelle route, parallèle à l'ancienne, et qu'elle ne savait plus où elle était. Le grand-père a appelé.

– Ho ! On est ici ! Montez plus haut ! Montez plus haut !

Et après chaque éclair, ils entendaient ce cri : « Hôôô ! hôôô ! » Et puis l'orage est passé de l'autre côté de la montagne. Les éclairs devinrent plus rares. Les cris cessèrent. Les grands-parents comprirent alors qu'ils avaient été abusés par le chat-huant.

Le mercredi et le samedi, le Mousse se reposait. Les grands-parents travaillaient à la maison. Ils en profitaient pour faire la recette, comme ils disaient, c'est-à-dire qu'ils comptaient leur argent, ils mettaient les pièces en rouleaux, ils portaient l'excédent à la cave et ils essayaient de calculer leur bénéfice. Ils avaient souvent des discussions parce qu'ils ne savaient ni lire ni écrire ; ils ne pouvaient compter que sur leur mémoire et le crédit leur donnait bien du souci. Une telle devait deux sous ; une telle devait une livre de châtaignes ; une telle avait pris trois œufs mais n'en avait payé que deux... Enfin, ils se mettaient d'accord comme ils pouvaient et ils « faisaient marquer » par mon oncle Jean-Toine qui commençait à remplacer le grand-père sur les marchés.

Ensuite, ils vidaient les bourses sur la table de la cuisine ; ils triaient les pièces et les mettaient en piles. Ils faisaient des rouleaux de louis, d'écus et de petites pièces. D'un air dégoûté, ils lissaient les billets et les plaçaient dans un porte-monnaie. Ils n'aimaient pas le papier. Moi, j'admirais beaucoup les billets de cinquante francs, grands et mauves, un peu carrés. Je les trouvais beaucoup plus jolis que les louis !

Je regardais et j'écoutais, sans trop m'approcher. Les grands-parents calculaient à haute voix puisqu'ils ne savaient pas écrire. J'étais trop petite pour comprendre comment ils s'y prenaient. Mais ils arrivaient bien au total et ils savaient quand les tournées avaient rapporté. Ils échangeaient un coup d'œil et ils souriaient. Je devinais que tout allait bien. Ils appelaient Jean-Toine qui avait procuration pour manipuler l'argent. Il se préparait à prendre la succession du grand-père. Il allait chercher la boîte de fer où on mettait la « réserve » ; puis il la reportait à la cave. On prenait dans ce qui restait « l'argent de la charge », c'est-à-dire la somme nécessaire aux achats de la semaine, en comptant large, qui retournait dans une bourse. Il y avait encore sur la table l'argent du ménage, la petite monnaie du grand-père et la paie de Jean-Toine. Je ne sais pas comment les grands-parents calculaient le montant de l'épargne qu'ils plaçaient dans la boîte de fer ; mais je crois que c'est cette façon de compter à l'envers de ce qui se fait aujourd'hui qui leur a permis de s'enrichir.

Quand la boîte en fer était pleine, Jean-Toine la portait au Crédit Lyonnais, à Rive-de-Gier. Le grand-père gardait tout de même une réserve spéciale pour les cas où la charge ordinaire ne suffisait pas : achats de noix et de châtaignes au moment de la récolte, d'œufs pour la conserve, etc.

Au printemps, les grands-parents faisaient aussi la vente des chevreaux. Les paysans de la montagne avaient tous au moins quatre ou cinq chèvres ; à la saison, ils apportaient leurs chevreaux en même temps que le companage. Jean-Toine les tuait la veille de la tournée, il les préparait et les arrangeait dans une grande panière avec des serviettes propres.

Le sang, les entrailles étaient mis dans une grande chaudière, mélangés à des chardons que mon grand-père allait chercher dans les prés. Et tout ça servait à engraisser deux cochons qui n'étaient pas consommés : on pensait qu'ainsi nourris ils étaient pleins de mauvaise graisse et que le lard deviendrait rance. Mais ils étaient bien assez bons pour vendre !

Jean-Toine faisait sécher les peaux des chevreaux, dehors pour commencer, puis au grenier, sur des fils de fer, pas bien loin de son lit. Il les surveillait et les poudrait régulièrement avec de l'alun. Plus tard, les messieurs des tanneries d'Annonay passaient au pays pour acheter toutes les peaux. C'était une fête. Un jour, il est arrivé un événement important, qui a fait date. *Un gros marchand d'Annonay a payé mon grand-père avec un chèque...* Tout le monde était grave à la maison. L'un après l'autre, mes oncles ont lu ce qui était écrit sur ce morceau de papier.

– C'est bien ça, a dit le grand-père. C'est bien le prix convenu. Mais c'est pas mon argent !

Ils ont réfléchi. Deux banques s'étaient installées à Pélussin : une succursale de la banque Mas de Condrieu et une banque privée dirigée par le châtelain de Pélussin. La banque privée avait mauvaise réputation : « Ils m'ont fait perdre ! » disaient les gens. À coup sûr, il y avait eu de mauvais placements. L'autre était nouvelle ; on ne la connaissait pas bien. On pourrait toujours porter le chèque au Crédit Lyonnais à Rive-de-Gier en faisant la tournée ; mais si ce morceau de papier ne valait rien, il serait bien tard pour courir après le beau monsieur d'Annonay. Et puis les hommes ne pouvaient pas attendre. Le grand-père était malade d'inquiétude.

Jean-Toine a endossé sa veste de cuir, il a chaussé ses souliers du dimanche. Il a dit d'une voix un peu étranglée :

– Je vais voir chez Mas !

Et il est parti. Ma tante s'est mise à prier. Ma grand-mère et mon parrain ont commencé à calculer combien de temps le Jean-Toine pouvait mettre pour aller à la banque et revenir. Deux fois trois kilomètres, ça faisait six...

– Et puis il sera obligé d'attendre. Peut-être une demi-heure.

– Il y aura beaucoup d'écritures. Peut-être une heure !

Ils étaient tous en train de discuter et de se lamenter quand Jean-Toine est arrivé en levant son porte-monnaie. Depuis le fond de la cour, il criait : « J'ai l'argent ! J'ai l'argent ! » Ils étaient si heureux qu'ils s'embrassaient. Ce soir-là, ça a été une vraie fête à la maison du bois de La Celle. Après, Jean-Toine se vantait partout : « Ah ! j'ai touché un chèque, un sacré gros chèque ! »

Chez mes parents

Quand j'ai eu neuf ans, en 1905, mon père a dit que j'étais assez grande pour garder les bêtes. J'ai quitté mes grands-parents et je suis allée vivre à Bourchany avec mes parents. Là, c'était chez moi. La maison était aussi plus belle que celle des grands-parents. Elle avait un escalier de neuf marches : je les revois toutes, sans en manquer une !

En haut de l'escalier, on entrait dans un corridor qui servait de resserre, de vestiaire et de débarras. L'échelle du grenier se trouvait entre un placard et un coffre. Dans le placard, on mettait les provisions d'alimentation, les macaronis, le riz, le sel, et des objets qu'on n'utilisait pas tous les jours, comme la balance et le peson. Le coffre contenait la réserve de nourriture pour les animaux, surtout le son et la repasse. Il y avait une étagère pour la droguerie, avec les ingrédients vétérinaires et quelques autres produits. Au grenier, ma mère gardait ses cages à fromage. Du corridor, on passait dans la salle commune. Toutes les pièces avaient un plancher en assez bon état.

Le tommier occupait un coin, le lit de mes parents un autre. Entre les deux, la porte de l'étable. Puis la porte de la chambre, une cheminée avec un grand *core* pour le bois et les fagots. Au milieu, le poêle à charbon qui chauffait la pièce et faisait en même temps office de cuisinière. Ça ressemblait à une marmite, avec un four et une bouillotte qui semblaient avoir été rajoutés à l'arrière. On mettait les casseroles dessus ou bien dans le four ; dans la bouillotte, l'eau était toujours près de l'ébullition. C'était tout petit et pourtant les deux chiens arrivaient à se glisser dessous tête-bêche. Ils s'arrangeaient pour ne pas faire de bruit. Quand ils grognaient, on leur donnait un coup de pied au derrière et on les mettait dehors.

La cheminée ne servait que pour « cuire au cochon » et chauffer la soupe du soir. Même l'hiver, on la laissait s'éteindre la nuit, parce qu'on n'avait pas beaucoup de bois. À l'automne, quand la feuille était presque mûre, on coupait des branches de fayard qu'on liait en fagots. L'hiver, on donnait ces fagots aux chèvres. Elles mangeaient la feuille et, quand il ne restait que le bois, on l'apportait à la maison pour cuire la pâtée des cochons et chauffer la soupe.

La chambre était grande aussi. Avant la naissance de mon frère, j'y couchais seule. À côté de mon petit lit s'en trouvait un autre, plus grand, où mon père est venu coucher quand il a été malade. Il y est mort.

Entre l'armoire et le placard on entassait les chaises qui ne servaient que pour les battages. À la tête de mon lit, j'avais une corbeille de bohémienne, en guise de table de nuit.

La nourriture ressemblait à celle des grands-parents, peut-être un peu moins variée. Tous les paysans mangeaient la même chose, dans la région. Le matin : pommes de terre bouillies avec du fromage frais... Quelquefois, quand ce fromage était juste écoulé, on le « saladait » avec de l'huile de chou : un régal. Ceux qui avaient encore faim, les journaliers qui avaient bon appétit et travaillaient dur, ajoutaient un morceau de lard chaud qui avait cuit dans la soupe, un morceau de fromage.

On finissait toujours par la soupe ; très chaude en hiver, moins à la belle saison. Quand les hommes mangeaient aux champs, je leur portais vers sept heures la soupe et une boîte de sardines. Après ça, on avait vraiment l'estomac bien calé et la chaleur rayonnait dans tout le corps. On était bien.

À midi, ma mère faisait très souvent la « fricassée de truffes », comme ma grand-mère. Elle ajoutait souvent des pâtes, des macaronis, pour les journaliers, ou bien du riz. Tout était cuit à la graisse de cochon. Comme viande, c'était souvent un morceau de jambon cuit ou du salé. Dans les grandes occasions, on tuait un lapin. Et puis la salade et le fromage... Jamais de soupe à midi.

Le soir, encore de la salade et des pommes de terre bouillies. On mangeait beaucoup de salade, à l'huile de chou ou à l'huile de noix. Après, le morceau de lard, le fromage et la soupe chaude avant d'aller au lit. Pour ceux qui n'aimaient pas bien le fromage, comme moi ou mon oncle Champailler, ma mère faisait un peu de confiture. Et puis le pain que faisait mon père était vraiment très bon. Frais, on le mangeait sans rien, pour le plaisir.

En automne et en hiver, la soupe du soir était souvent remplacée par la traditionnelle *écuellée* de châtaignes bouillies avec du lait tiède. L'écuellée passait pour une spécialité de la région mais je suppose qu'on la trouvait alors dans tous les pays de châtaignes.

Pour les dimanches et fêtes, on gardait les coqs, les vieilles poules. Il y avait aussi les chevreaux, à la saison, et mon père tuait parfois un lapin sauvage. On allait rarement à la boucherie. Seulement quand on avait vendu un veau, parce que le boucher faisait une remise, ou quand mon père jugeait qu'il avait fait une bonne affaire.

Il achetait un morceau de bœuf qu'on mangeait avec une soupe au fromage et du pain blanc. Après le remariage de ma mère, en 1911, on n'a plus vu de viande de boucherie à la maison.

Mon plat préféré, c'était la fricassée de champignons de pré que ma mère réussissait très bien.

Dans toutes les maisons, on avait un petit baquet et un pilon pour écraser le sel. On trouvait que le sel fin ne salait pas bien... Le baquet était une simple pierre carrée, avec une cavité de la grandeur d'un bol, au milieu : ça pesait au moins sept ou huit kilos et c'était très encombrant. On n'écrasait pas le sel d'avance. Au moment du repas, on prenait le pilon, un morceau de bois rond, quelquefois une spatule en fer, on mettait une poignée de gros sel dans le bac en pierre et on l'écrasait : brououou ! Enfin, quand j'avais neuf ou dix ans, cette coutume commençait à se perdre. Chez ma grand-mère, ma tante y tenait beaucoup. Ma mère s'est mise à acheter du sel fin et on a vu que ça allait aussi bien. Plus tard, on s'est servi des baquets pour donner à boire aux poules !

La propriété de Bourchany avait environ six hectares et elle avait coûté à peu près six mille francs. Mes grands-parents avaient prêté un peu d'argent et répondu pour le reste. Ils veillaient donc sur les affaires de mon père. « Et vous ne faites pas ci et vous ne faites pas ça ! Vous ne faites pas assez attention ! Vous ne pensez pas que vous avez des dettes ! Et ci, et ça... »

Quand j'allais à l'école à Pélussin, je lui apportais le journal. C'était compliqué. Quelqu'un laissait ce journal dans un café où j'allais le prendre en revenant. Pendant les vacances, il allait chez un voisin qui était abonné pour regarder les principales nouvelles. Le voisin lui disait : « Pourquoi tu prends pas un abonnement ? C'est si simple ! Le facteur passe tous les jours, puisqu'il vient chez moi. Il t'apporterait ton journal sans que tu te déranges... » Eh non, ce n'était pas si simple. Si le facteur avait apporté le journal, mes grands-parents l'auraient su bientôt. Le bonhomme était bavard et, de toute façon, tout se savait. Un sou par jour... mais ça aurait été tragique. « Vous avez des dettes et vous vous payez le journal ! Ah, ne comptez plus sur nous ! » J'entendais mes oncles comme si c'était déjà arrivé. « Il prend le temps de lire le journal au lieu de travailler ses terres ! » Ainsi, mon père était un peu sous la tutelle des grands-parents.

Enfin, quand j'allais à l'école, je rapportais *le Progrès de Lyon* et on le cachait aussitôt lu. Personne n'en savait rien. Il n'y avait que demi-mal.

Je me souviens qu'on parlait de l'affaire Steinheil. Le feuilleton, c'était *Rouletabosse*... Un jour, mon père avait lu quelque chose sur l'aviation. Il lisait tout haut pour ma mère qui tricotait au crochet et moi, je faisais mes devoirs à côté. Il avait lu qu'on allait arriver à « monter comme les alouettes » et à « planer comme les hirondelles » : ça l'avait beaucoup frappé. Il commentait ça à ma mère. Il a dit : « Je crois qu'ils y arriveront. Moi, je le verrai pas parce que je ne vivrai pas bien vieux ; mais ils y arriveront ! »

Quand j'ai dû aller garder les bêtes aux champêtres, mon père m'a emmenée au crêt, pas très loin au-dessus de Bourchany. C'était le printemps. Il fallait voir si l'herbe était assez poussée, si les champêtres étaient assez fournis pour soutenir le pâturage de tous les jours. Et mon père voulait en profiter pour me montrer les lieux.

Alors, on est montés là-haut, tous les deux. Autrefois, il y avait une ferme à cet endroit, La Grange. On disait : « *Vé la Grange* », en patois. On voyait des ruines et des traces de culture. Et nous avions là une prairie, avec une jolie source au milieu. Il y avait encore une source un peu plus haut, une autre à côté et, plus haut, tout à fait en haut du crêt, il y avait Fonbelle, dans une propriété de mon oncle.

Fonbelle était une source réputée, bien qu'elle ne fût pas très grosse. L'eau qui coulait là était vraiment une eau de montagne. Plus loin se formait un bief qui descendait en cascade. C'était joli comme tout ; l'eau sautait sur les pierres et puis, tout à coup, elle rentrait dans la terre et se perdait.

Ce jour-là, nous avons fait le tour de tous les champêtres. Je m'extasiais devant les sources. Je crois que mon père était assez fier de me montrer ça.

J'ai couru dans l'herbe haute. J'ai trouvé du cresson. À un endroit, il y avait un rond d'herbe tendre, toute nouvelle. Mon père a dit : « Là, on pourrait faucher. Je pourrais faucher une petite charretée, mais je ne sais pas si je vais le faire. Il faudrait venir la chercher et ça serait beaucoup de travail pour pas grand-chose. »

C'était ce qu'on appelle en patois un *seignat :* une poussée d'herbe autour d'une source. Quelquefois, on voyait un seignat et pas d'eau qui coulait dessus. Alors, mon père disait : « C'est qu'elle est dessous. Si on creusait un tant soit peu, on la trouverait, là. »

Cette fois-là, mon père regardait le seignat et se demandait s'il allait le faucher. Moi, je priais le bon Dieu qu'il ne fauche pas. Je voulais garder cette herbe pour mes bêtes, puisque j'allais les amener là bientôt.

Finalement, il a renoncé à faucher. J'étais très heureuse.

Alors, ça a donc été fait pour six ou sept ans. Je suis revenue là tous les étés régulièrement, avec toujours le même parcours pour mes bêtes et toujours les mêmes lieux pour m'asseoir et travailler. Les bêtes commençaient par manger la bonne herbe verte, en bas du pré ; puis elles montaient au fur et à mesure, et, pour finir, elles broutaient la bruyère, les genêts, les taillis, des feuillages... Au moment où on les rassemblait pour s'en aller, elles passaient toutes devant une fontaine. Chacune avait à cœur de boire un bon coup parce qu'on rentrait sans passer de nouveau près de l'eau. Quand tout le monde avait bu, on était toujours un peu en retard et on descendait à la course. Les pauvres bêtes n'en pouvaient plus en arrivant à la maison !

À cette époque, le petit troupeau de mon père se composait de quatre vaches – la Parpille, la Belle, la Bricole et la Baillette – d'une génisse, de cinq ou six chèvres et d'une brebis.

Au début, j'avais un peu peur, parce que les champêtres du crêt étaient assez sauvages. Par la suite, j'ai fait la connaissance des autres bergers ; ma cousine Louise, un grand garçon nommé Chambert, une fille plus âgée et un vieux qui gardait une vache et une brebis...

On chantait beaucoup. Des chansons en patois, des rengaines populaires, des chansons à la mode... *Viens poupoule, la Paimpolaise, la Guerre russo-japonaise, les Moissonniers, Ma mie, Rossignolet des bois, la Lisette...*

Embrasse-moi Lisette,
Pour la dernière fois.

Chambert, c'était le berger de Chirat, un voisin qui avait un gros troupeau. Il avait trois ou quatre ans de plus que moi. Son frère jouait de l'accordéon ; alors, il était bien placé pour la chanson. Il m'avait appris quelques pas de danse. Et puis il m'avait appris à fumer ! J'ai fumé ma première moitié de cigarette dans les champs, comme ça. Il avait peur que je sois malade. Je n'ai pas été malade et j'étais un peu contente. Mais finalement, pour les petits détails, il préférait ma cousine, alors je le voyais surtout quand il traversait mon champ pour aller la rejoindre.

C'est là que j'ai commencé à avoir le goût de tricoter au crochet. Je m'asseyais au-dessus d'une fontaine où mes bêtes venaient boire les unes après les autres. Les chèvres venaient quelquefois voir s'il y avait du pain dans mon panier : elles ne m'en auraient pas laissé... Tout le monde venait boire à mes pieds, tout près. Je voyais même un couple de tourterelles qui avaient l'habitude de se désaltérer à cette source cinq ou six fois par jour. Ça boit beaucoup, les oiseaux... Elles venaient boire devant moi, sans se gêner. Elles se lavaient un peu, elles me regardaient, à moins de deux mètres. Je les vois encore... comme les bêtes de mon troupeau.

Je courais les nids d'oiseaux. L'envie de trouver les nids m'affolait. C'étaient surtout des nids de passereaux. Le coucou venait boire leurs œufs et mettait le sien à la place. Sur toutes les bruyères, il y avait un petit nid. Mon Dieu que j'aimais les voir et les toucher... du bout des doigts, comme une chose très précieuse. Jamais je ne les dérangeais.

Il n'y avait guère de sauvagine. J'ai tué une vipère, une fois, dans un petit bois près de mon champ.

J'avais aussi deux chiens, Floquet, qui avait mon âge et s'était élevé sous mon berceau, et Tito. Ils m'aimaient beaucoup. Ah ! il n'aurait pas fallu me toucher. À quatre heures, je partageais avec eux un morceau de pain noir et la moitié d'un bâton de chocolat. Enfin, je ne partageais pas le chocolat... Le pain, j'en avais quelquefois un petit morceau pour mes chèvres. Le matin, je me levais à quatre heures. Je trayais mes chèvres et, après, j'avais droit à une tasse de tisane de café et d'orge. Quand j'avais fini de traire, elle n'était pas trop chaude. Les autres avaient eu la leur et ils étaient partis. Moi, je ne m'étais pas levée assez tôt ; enfin, c'était ma faute... Je n'avais pas beaucoup d'appétit, et mon Floquet qui était encore un jeune chien avait sans doute plus faim que moi. Alors, c'était lui qui débarrassait mon bol !

Nos vaches connaissaient le chemin. Elles connaissaient leur champ. Elles ne se mélangeaient pas avec celles du voisin. Quand elles savaient qu'elles étaient chez elles, elles y restaient. Moi, je les suivais. Puis après, je me tenais un peu au-dessus, je les dominais. Quand elles commençaient leur deuxième parcours, je montais tout à fait en haut du champêtre, à un endroit où il y avait un mur, je m'asseyais là, sur ce mur. Et je tricotais, je tricotais...

Ma cousine avait son champ de l'autre côté d'un bois tout en longueur qu'on appelait le bois de Fanton, qui montait en escalier jusqu'en haut du crêt. C'était un paysage merveilleux. En bas, c'était une futaie de grands chênes ; en haut, il y avait des taillis avec de jolies clairières. Je passais par les clairières pour aller voir ma cousine. Il y avait une petite source au milieu des arbres. Je m'arrêtais souvent pour la regarder couler, tellement c'était beau. Un jour, j'ai vu une vipère grise qui dormait là, entre deux touffes d'ajoncs. Elle était belle aussi, à sa façon. Et puis elle dormait. Elle était sans défense... Moi, j'allais voir ma cousine : j'ai continué mon chemin.

Je n'ai pas trouvé Louise. Elle était tout en haut du bois et je ne pouvais pas m'éloigner autant de mon troupeau. En revenant, j'ai eu l'idée d'aller voir si la vipère était toujours là. Elle y était. Elle dormait. Les serpents, ça chasse toute la nuit ; ça trouve des rats, des limaces, des rainettes, même des oiseaux tombés du nid et toutes sortes de petites bêtes. Et le matin, ça dort.

Je me suis demandé ce que je devais faire. Je n'avais pas envie de la tuer. Je crois que je n'avais jamais tué un animal. Je n'avais pas peur mais mon cœur se serrait. Et puis j'ai pensé à mes vaches, à mes chèvres, à mes chiens... Même pas à moi. Cette vipère, si jolie et si tranquille, pouvait piquer mon Floquet et le faire mourir. Cette pensée m'a bouleversée. Mon cher Floquet... Il fallait que j'essaie de tuer cette bête dangereuse. C'était un triste devoir, mais il le fallait.

Je suis allée chercher des pierres grosses comme un poing d'homme pour être sûre de ne pas la manquer. Je n'étais pas tout à fait sûre que ce soit une bonne action, mais je devais défendre mes chiens et mes vaches. Je me suis équilibrée et je me suis mise à bombarder la vipère. Je l'ai presque couverte. Je ne la voyais plus ; elle ne bougeait pas, mais je pensais bien qu'elle n'était pas morte. Alors, j'ai cherché un morceau de bois et j'ai trouvé une grosse barre de chêne que des gens avaient laissée de côté en faisant des fagots. Je me suis approchée avec cette barre, mais pas trop quand même. Maintenant que la bête était presque morte, je commençais à avoir peur. Alors, d'un peu loin, je poussais mes pierres et, à mesure, je cassais les reins de la vipère. Quand j'ai eu sorti toutes les pierres, je l'ai traînée plus loin et je lui ai écrasé la tête. Elle était morte, bien morte. Je suis repartie. Je n'ai rien dit à mes parents.

J'avais maintenant un secret qui me semblait terrible. Il me semblait aussi que mon Floquet me devait un peu la vie. Je l'aimais encore plus.

Tout en haut du crêt, il y avait un dôme avec une grande étendue de bruyère. Ces champs appartenaient à plusieurs propriétaires qui n'en faisaient pas cas, et tout le monde y allait. Mon père appelait ça en patois le *jabraille.* Au sommet, on trouvait une carrière de sable, du sable de bruyère. C'était très abrupt. Une tranchée profonde s'était formée. Les gosses, surtout les garçons, aimaient bien s'amuser à cet endroit. Ils laissaient leurs bêtes dans le jabraille. « Tout le monde est là au milieu, disait mon père qui nous regardait depuis en bas. C'est noir de bêtes... » Les paysans avaient arraché d'énormes genêts, alors les bergers avaient inventé un jeu. Ils mettaient deux ou trois de ces gros genêts l'un sur l'autre et on asseyait un gosse ou deux là-dessus. Puis on traînait les genêts sur la pente de la carrière.

Quand ça arrivait au fond, les gosses étaient sens dessus dessous mais bien contents. C'est qu'on n'avait pas beaucoup de jouets, ni de jeux, et pas beaucoup d'occasions de s'amuser.

Seulement voilà, quand on avait passé un après-midi à glisser dans la carrière, les gosses avaient bien rigolé, mais ils n'avaient plus de derrière à leur pantalon. Et ça, c'était grave. Les petits ne se rendaient pas compte. Ils pleurnichaient : « Ma mère va m'engueuler ! Ma mère va m'engueuler ! » Mais ils ne comprenaient pas qu'à la maison, c'était un drame, parce qu'on ne trouvait pas de vêtements pour les enfants. Alors, on montait au grenier pour chercher les vieux vêtements du grand-père. On tâchait de trouver une vieille veste ou un vieux pantalon pas trop mauvais et on portait ça à une femme du pays qui faisait des vêtements pour les gosses. C'étaient surtout des « pantalons à tombereaux », ouverts sur le côté, avec un bouton sur chaque hanche. Les bretelles tenaient au cou ; quand les petits voulaient faire leurs besoins, ils déboutonnaient ces deux boutons sur les hanches, ça faisait comme un tombereau que l'on renverse en arrière pour vider ! C'était très pratique.

Malgré ces petits accidents, les journées des jeunes bergers se passaient bien agréablement dans les champêtres du crêt.

Le soir, l'étoile du berger se levait dès que le soleil avait disparu derrière le mont Pilat et, alors, je descendais avec mes bêtes. À la maison, il fallait traire et s'occuper des cochons.

On me reprochait souvent que mes cochons

étaient sales. Un jour, un homme était venu amener une truie. Mon père avait voulu montrer son cheptel. Il avait fait sortir une des nôtres qui était sale, Seigneur, mais qui était sale ! Elle avait de la boue jusqu'aux oreilles... Alors, on ne m'a pas fait de compliments. J'étais vexée. J'ai dit :

– Cette truie, elle n'a pas de goût. Elle est toujours sale !

On s'est bien moqué de moi d'avoir des cochons qui n'avaient pas de goût.

Après la traite et le nettoyage des étables, il y avait les fromages : ça n'en finissait pas. Il fallait préparer le souper, vite, vite ! Plus tard, un jour, je me suis fâchée. Je me suis retournée et j'ai dit à ma mère :

– Vite, il est mort. C'est dépêche-toi qui l'a tué !

Malgré ces difficultés, j'aimais beaucoup cette vie et mon travail me rendait assez fière. Dans mes champêtres, je me sentais très à l'aise, comme si j'avais été très riche. Pendant les heures que je passais aux crêts, j'étais une vraie princesse.

Je crois que j'étais aussi très heureuse.

J'ai commencé à travailler dans les terres l'année de mes onze ans. Mon père avait embauché un compagnon de la loue nommé Jean Maréchaud pour faire les foins et la moisson.

Cet homme d'une cinquantaine d'années se louait depuis vingt-cinq ans à la saison, de quinze jours en quinze jours. Quand les compagnons de la foire à la loue arrivaient à Pélussin, ils avaient déjà moissonné dans la plaine, en Isère. Après, ils continuaient en remontant vers le nord. À la foire, ils se présentaient avec l'outil de leur travail, la faux pour les faucheurs de foin et la faucille pour les moissonneurs. Ces outils étaient bien encombrants et puis on commençait à moissonner aussi avec la faux ; alors, la mode était venue de les remplacer par une poignée de paille ou une poignée de foin qui dépassait de la poche.

Les compagnons se louaient toujours pour quinze jours. Ce temps passé et le travail fini, ils partaient plus loin comme le racontait la chanson des *Moissonniers :*

Au bout de la quinzaine
Ils s'en vont faire leurs adieux au monsieur
On voit toutes les Gagasses
Qui se sont mises à pleurer.
Et vive les moissonniers !

En patois, on appelait les gens de la région de Saint-Étienne *Gagas* et *Gagasses.*

Jean Maréchaud n'allait plus à la foire depuis longtemps. Il avait des employeurs attitrés dans chaque région et il se rendait directement chez eux à la saison.

Il préférait la moisson à la fauchaison et il chantait tout le temps en maniant la faucille. Chanter est beaucoup plus difficile avec la faux parce que les gestes sont beaucoup plus amples. C'est peut-être là que le progrès a commencé à tuer la poésie. Il aimait beaucoup les chansons à voix, un peu belliqueuses.

Je bois aux légions
Des fils de ma patrie,
Marceau, Hoche, Kléber
Et tous ceux dont le nom
Au rang des défenseurs
De la France envahie
Rayonne en lettres d'or
Aux murs du Panthéon...

Il avait aussi à son répertoire *les Allobroges, la Marseillaise des travailleurs, Séparez donc l'Église de l'État !* Il faut dire que c'était un mangeur de curés comme on en avait beaucoup au moment de la séparation. Son « mauvais âme » lui venait peut-être du vinaigre qu'il consommait en grande quantité. La tomme fraîche et la fricassée de *truffes* – c'est-à-dire de pommes de terre –, il les faisait baigner dans le vinaigre et ce n'était jamais assez fort pour son goût.

Quelquefois, je leur portais le déjeuner du matin au champ, vers six heures et demie ou sept heures. En général, il y avait une boîte de sardines. Mon père en prenait une et la mangeait sur son pain. Jean Maréchaud remplissait la boîte de vinaigre pour manger les trois autres. J'en aurais bien goûté une, moi, sans vinaigre ! De retour à la maison, je me plaignais à ma mère.

– Je n'ai pas eu de sardine.

– Eh, moi non plus.

– Jean Maréchaud en a mangé trois.

Ma mère maugréait.

– Oui. Notre nourriture le fait bien chanter, celui-là !

Cette année-là, un jour où je revenais du champ un peu avant midi, avec mon frère, il me dit :

– Nous allons faire un détour pour aller voir le père Besset. Il coupe le blé avec une faux. J'ai envie de voir ça.

En effet, le père Besset et son moissonnier avaient chacun une faux munie d'un appareil spécial pour relever le blé en le coupant. Mon père les a regardés travailler un petit moment. Il n'a rien dit et nous sommes partis. Le lendemain matin, il a porté sa faux au forgeron et, quand il est revenu, deux ou trois heures plus tard, son outil était équipé du double crochet qui permettait de relever le blé coupé contre celui qui était debout. Il fallait qu'un aide accompagne le faucheur en marchant à reculons et ramasse le blé dans ses bras pour en faire une javelle, c'est-à-dire la moitié d'une gerbe. Mais ça allait vite. C'était un gros progrès. Mon père a dit en me regardant :

– Tu remplaceras bientôt Jean Maréchaud !

Et tous les deux, nous avons moissonné le seigle, pendant que Jean Maréchaud coupait le blé à la faucille. L'année suivante, Jean Maréchaud n'est pas venu. J'ai levé toute la récolte avec mon père.

Mais beaucoup de paysans hésitaient encore à abandonner la faucille. On avait peur de secouer le grain et d'en perdre une partie. Et puis le blé était une chose sacrée. Le couper comme du foin, c'était un peu lui manquer de respect...

On attachait les gerbes avec un lien de blé ; on les mettait en tas d'une charrette, dans le champ ; et, un peu plus tard, quand la saison des battages commençait, on les rassemblait en un gros gerbier près de la maison. On faisait des gerbiers très pointus, c'est-à-dire ronds à la base, avec le sommet conique. Ils ressemblaient à une toupie renversée. Il y avait de vrais artistes en gerbiers, parmi les propriétaires et les journaliers. Quelquefois, on leur demandait un coup de main pour fignoler quand on avait fait le plus gros.

C'est qu'on aimait avoir un beau gerbier près de la maison. Ceux qui entassaient les gerbes n'importe comment se voyaient vertement critiqués. « *I s'ou bet'on comme l'chin tra sa marde !* » Ils mettent leurs gerbes comme le chien pose sa crotte...

Bientôt après, les préparatifs des battages commençaient. On battait encore le colza au fléau ; mais pour le blé, il venait une batteuse avec une locomobile. Avant, il y avait eu aussi un gros rouleau de pierre avec un essieu qu'un cheval traînait sur le blé étendu par terre. Il fallait ensuite passer le grain au tarare pour le vanner.

Le progrès nous avait donc amené la batteuse et sa loco. On se réunissait dans les hameaux pour aller les chercher avec les bêtes. À Bourchany, on était souvent les premiers à battre dans la commune et on devait aller chercher les machines assez loin. Une fois, j'ai accompagné un de mes oncles à Sainte-Croix, sur la route de Rive-de-Gier. Nous avions deux paires de vaches, les siennes et les nôtres ; elles se connaissaient, elles avaient l'habitude d'aller ensemble et de faire des charrois sur la route. C'était un gros avantage. Trois voisins étaient venus aussi, avec chacun une paire. C'était à près de dix kilomètres. Mon oncle m'avait dit :

– Tu te tiendras à côté de moi et tu feras ce que jc tc dirai !

Allez, hop ! On a attelé la batteuse, le plus gros morceau, pendant que les autres se chamaillaient autour de la loco. Leurs bêtes n'avaient pas l'habitude d'être attelées ensemble ; et puis ils étaient trois et chacun voulait être devant pour conduire. Il y en a un qui cst vcnu dirc à mon onclc :

– Tu pourras pas monter. Il te faut une paire de plus !

Mon oncle a rigolé un peu.

– Tu vas voir comme on pourra pas monter. Va, va !

En principe, il fallait deux paires de bœufs pour tirer la batteuse ; mais nos vaches étaient presque aussi fortes que des bœufs, et bien plus vives. Mon oncle a mis les siennes devant et on est partis. Les autres n'arrivaient même pas à atteler. C'est tout juste si leurs vaches ne se battaient pas ! À Pavezin, on avait une bonne demi-heure d'avance. On les voyait, beaucoup plus bas, et on les entendait crier. Mon oncle riait. On s'arrêtait de temps en temps pour faire souffler les bêtes et on repartait. Il était tard ; la nuit est tombée. On a encore pris de l'avance, parce que les autres avaient une paire qui était peureuse dans l'obscurité. Et ils se gênaient les uns les autres.

Et puis il fallait préparer l'eau et le charbon pour la loco. Chaque propriétaire fournissait son charbon. Le tuyau de la loco trempait dans une benne d'eau de cent litres qui devait toujours être pleine au moins aux trois quarts. Et puis, bien sûr, le repas pour les hommes, au moins vingt ou vingt-cinq. À cette occasion, on sortait toute la vaisselle et surtout les deux grandes soupières spéciales qui ne servaient que ce jour-là. On avait souvent près de vingt-cinq couverts. Il fallait faire l'avant-veille une grosse fournée pour avoir du pain frais.

On battait à proximité de la grange pour rentrer plus facilement la paille. En fait, la grange de mon oncle et la nôtre étaient situées face à face. Alors, nous mettions nos gerbiers l'un à côté de l'autre et nous battions sur le même sol : ça économisait un déplacement des machines. De là, il fallait monter les sacs pleins au grenier. C'était le travail le plus pénible, le plus prestigieux aussi. On y mettait les jeunes, les plus forts. Il y en a qui n'auraient pas voulu faire autre chose. D'autres préféraient jeter les gerbes à la fourche, depuis le gerbier. Les hommes âgés attachaient la paille. On plaçait quelqu'un de confiance au remplissage des sacs. Chaque sac contenait cinq « doubles » de vingt litres. On payait quatre sous le double à l'entrepreneur.

La loco avait un énorme volant ; elle actionnait une longue courroie qui faisait tourner la batteuse. Tout ça grondait et ferraillait ; on ne s'entendait pas. Heureusement, il y avait un sifflet sur la loco pour appeler les hommes après un arrêt de la batteuse ou, au contraire, pour signaler que quelque chose n'allait pas bien et qu'on s'arrêtait. Chez nous, au moindre arrêt, la moitié des hommes filaient nous ramasser nos poires et nos noisettes. À midi, quelques-uns s'éternisaient à table. La loco sifflait toujours trois fois. Les traînards attendaient le troisième coup de sifflet pour retourner au chantier.

Le travail le plus dangereux était celui des engreneurs, les hommes qui se tenaient sur la batteuse pour couper les liens des gerbes et enfourner le blé. Les accidents n'étaient pas rares ; je n'en ai pas vu chez nous ; mais on entendait souvent parler de bras arrachés... Il fallait de l'adresse et de l'habitude pour occuper ce poste.

Une tradition qui se perdait un peu à l'époque de mon enfance consistait à faire porter les sacs et arranger le grain dans le grenier au futur gendre que l'on souhaitait, dans les maisons où il y avait une fille. Et si ce jeune homme n'était pas assez fort, on l'aidait ou on se cherchait un autre gendre !

Dans l'équipe de battage, on avait toujours deux ou trois « gougnants », des gouapes, des demi-fainéants, quoi, qui suivaient la machine pour se faire nourrir. Ils ne travaillaient qu'à table ! Certains faisaient semblant d'avoir une occupation. Les moins vergogneux s'en allaient dormir dans un coin. On ne les chassait pas ; mais on ne les payait pas non plus. La main-d'œuvre se rendait entre voisins et on embauchait deux ou trois journaliers, à un franc cinquante par jour.

On commençait tôt le matin, vers cinq heures ; le soir, on finissait quand on pouvait. C'étaient de dures journées, surtout pour les porteurs, les engreneurs, les jeteurs de gerbes. Moi, j'étais chargée de donner à boire sur le chantier, en fin de matinée et l'après-midi. J'allais au sol avec deux litres et deux verres.

Je devais faire passer du vin à ceux qui étaient sur la batteuse ou sur le gerbier, à ceux qui étaient dans les coins et qui ne pouvaient pas lâcher leur travail. Je tâchais de n'oublier personne. Une fois, mon oncle m'avait dit : « Il fait chaud, tu n'auras qu'à passer souvent. » J'ai fait pas mal de tournées dans l'après-midi ; sans doute un peu trop. Et le soir, quatre ou cinq hommes étaient saouls, sans compter les gougnants. Alors, mon père m'a disputée.

Le pauvre se faisait toujours du souci parce que son grenier n'était pas solide. Autant qu'il pouvait, il montait les sacs lui-même et il disposait son grain au-dessus des poutres. je le voyais passer d'un air anxieux. Il s'inquiétait d'un endroit faible, situé juste au-dessus de mon lit... Après sa mort, on a mis le grain n'importe où et le plancher n'a pas cédé. Avant d'aller habiter à Pélussin, je me disais quelquefois : « Il y a quatre ans que mon pauvre père est mort et la poutre ne m'est pas encore tombée sur la tête. Il se faisait bien du mauvais sang pour rien ! »

On allait au moulin avec un sac de seigle et un peu moins d'un demi-sac de blé. Le meunier nous faisait un sac de farine. On mettait un peu de blé dans le seigle. C'était un très bon mélange. Même frais, notre pain était toujours assez dur ; mais il avait bon goût et la croûte allait bien pour tremper la soupe.

Le jour où mon père faisait le pain, c'était un grand branle-bas dans la maison. On apportait le pétrin à la cuisine. On fermait les portes et les fenêtres pour ne pas refroidir la pâte. Je m'occupais d'aller chercher les fagots pour chauffer le four, de préférence des fagots de sarments. Mon père aimait beaucoup ce travail. Je le regardais étendre la farine dans le pétrin et puis mettre de l'eau chaude et du sel. Sans oublier le levain...

On réservait chaque fois une livre environ de pâte qu'on mettait dans un pot. On la laissait fermenter et elle servait de levure pour la prochaine fois. Il arrivait que mon père ne trouve pas son levain assez bien conservé ; alors, il m'envoyait emprunter celui du voisin qu'il rendait le jour même... Il pétrissait avec beaucoup de goût et de patience. Ce n'était pas le cas de tous les paysans. Il consacrait une journée presque entière tous les quinze jours à la fabrication du pain.

J'aidais souvent à sortir la pâte pétrie, qu'on mettait alors dans des paillasses, de grands moules à pain. En général, mon père faisait trois pains.

Je me chargeais aussi de l'éclairage du four, c'est-à-dire que je rassemblais des pommes de pin, de gros « babés » de pins maritimes, bien ouverts. Mon père en prenait un qu'il plaçait au coin du four et qu'il allumait par la pointe. Ça brûlait très lentement, avec une jolie flamme qui donnait au four un air de grotte féerique. J'adorais ce spectacle.

À la saison des fruits, ma mère en profitait pour faire deux ou trois gros « chaussons » ou « pâtés ». C'était une pâte à tarte, assez grossière, avec la même farine que pour le pain, et puis de la graisse de cochon ou du beurre. On mettait une grosse épaisseur de poires ou de cerises entre deux couches de pâte et on cuisait en même temps que le pain. Ces pâtés avaient en moyenne quarante centimètres de longueur sur vingt ou vingt-cinq de largeur. On en faisait toujours au moment des battages : avec les préparatifs, on n'avait pas le temps de s'occuper de la cuisine ; alors, on mangeait des chaussons.

On cuisait, donc, en été, trois gros pains ronds et trois ou quatre chaussons allongés. Ainsi, le four était à peu près plein. Et on se régalait pendant quelques jours. Les gens d'aujourd'hui n'ont aucune idée de ce qu'étaient notre pain et nos gâteaux.

La vie et les saisons

Mes parents et moi, nous étions des oiseaux de nuit, à cause de ces voyages chez les grands-parents. Le soir, ma grand-mère ne se pressait pas. Quand ma mère s'impatientait, vers onze heures ou minuit, elle lui disait : « Entre le jour et la nuit, il n'y a pas de muraille ! »

Nous allions porter le companage une ou deux fois par semaine. J'étais du voyage. Le chien Floquet, qui avait mon âge et s'était élevé sous mon berceau, marchait quatre ou cinq mètres devant. Il connaissait le chemin et il se retournait de temps en temps pour voir si ça venait ! On ne rencontrait presque personne à ces heures-là. Les paysans se couchaient comme leurs poules ; le matin, ils étaient aux champs avant le soleil et ils faisaient de rudes journées. Nous étions seuls à courir les chemins sous les étoiles.

Quand j'étais petite, mes parents me donnaient la

main, chacun de son côté. J'entends encore mon père me crier : « Lève donc les pieds ! Eh, quand on marche, on lève les pieds ! » Je trébuchais sur les passages empierrés de frais. Non seulement je ne levais pas assez les pieds, mais les trois quarts et demi du temps, je dormais et je me laissais porter.

En arrivant au pont de L'Olagnière, le chemin était très mauvais. Un filet d'eau coulait à la surface et rendait les pierres glissantes. Là, on quittait le chemin pour passer à travers pré. Mais il fallait éviter un grand trou qui subsistait à l'endroit où un gigantesque fayard avait été arraché. Parfois, il se remplissait d'eau. L'été, il était sec mais presque aussi dangereux.

Mes parents discutaient en traversant ce coin de pré. « Nous sommes trop à droite... nous sommes trop à gauche ! » C'était difficile de savoir où on se trouvait à dix mètres près. Un soir de neige, ma mère est tombée dans le trou ; elle s'est démis l'épaule. C'était un drame, car elle ne pouvait plus porter les paniers du companage. Elle se frottait avec de l'essence de térébenthine : un remède de cheval.

Si on avait visé juste, on rejoignait la route de plain-pied. Alors, un peu plus bas, la discussion reprenait. « Il faut aller *mieux* à droite. – Non, mieux à gauche ! » Et une nuit, mes parents ont manqué le passage à charrettes qui menait à la route. Mon père qui marchait devant est tombé dans le ravin. Il s'est cassé la jambe. Ma mère a appelé les voisins pour le tirer de là...

À l'issue de ça, la grand-mère a acheté deux petites lanternes carrées qui brûlaient de l'huile de chou et donnaient une flamme comme celle d'une allumette. C'était bien pratique. Mais quand mes parents montaient à La Celle avant la nuit, ils oubliaient les lanternes. La grand-mère se fâchait. « Tant pis pour vous. Vous n'aurez qu'à rentrer *à borgnon* ! »

Un été, j'avais six ou sept ans, j'étais en vacances chez mes parents comme tous les étés. Ma mère portait son companage à la grand-mère une ou deux fois par semaine. Un soir, je l'avais accompagnée. Chez les grands-parents, c'était toujours le même refrain : « Attends encore un peu. Il n'y a pas de muraille entre le jour et la nuit ! » La grand-mère n'en finissait pas de peser et de repeser son beurre. Il était tard ; ça durait, ça durait... Les hommes se couchaient. Le grand-père ronflait dans un coin de la cuisine. Et moi, je mourais de sommeil. Et, finalement, nous sommes parties vers onze heures du soir. Alors, ma mère a dit :

– Oh ! c'est à peu près l'heure. On va voir la comète !

J'ai demandé ce que c'était qu'une comète. Ma mère m'a répondu :

– C'est une grosse étoile qui a une queue.

En effet, quand nous sommes arrivées sur la route, nous avons vu apparaître une belle lueur vive qui éclairait jusqu'à nos pieds. On aurait dit une longue barre de feu qui se posait sur la terre. Et cette lumière était juste devant nous. Elle semblait nous suivre, ou plutôt nous précéder. Oh ! mon Dieu ! c'était effrayant et ça nous aurait presque fait tomber. Il fallait détourner les yeux. Moi, de temps en temps, j'essayais de regarder cette étoile avec une queue. Ça me troublait la vue, je trébuchais et ma mère me disputait en patois. Tout à coup, j'ai dit :

– Mère, il y en a deux !

Ma mère a levé la tête.

– C'est nous qui en voyons deux par moments ; mais il n'y en a qu'une.

Il faut dire qu'il y avait aussi le clair de lune. Avec cette lueur à nos pieds, en plus, on y voyait comme en plein jour. Mais je n'étais pas tellement rassurée. Les gens non plus. Mes grands-parents qui avaient sûrement vu la comète en revenant de tournée n'en disaient pas un mot. C'était un mauvais signe : on n'aimait pas en parler. On croyait que les comètes annonçaient des cataclysmes, des guerres, des tremblements de terre. Et puis les paysans ne sortaient pas beaucoup la nuit. Mes grands-parents et mes parents étaient un peu des exceptions.

Quelques années plus tard, en 10, je crois, il y a eu deux autres comètes ; mais elles étaient beaucoup moins impressionnantes ; elles n'avaient pas cette lueur qui traînait par terre.

Celle que j'ai vue ce soir-là avec ma mère, quand j'étais toute petite, m'a laissé un mauvais souvenir. Elle était presque menaçante. Je revois très bien cette queue très fine au départ de l'étoile et qui allait s'élargissant, qui nous baignait de ses rayons et qui nous accompagnait, qui avançait en même temps que nous, tout le long du chemin... Ma mère, qui s'était trouvée à voyager seule plusieurs fois, le soir, disait avec agacement :

– *Ou nia toujours quela comëta ! À la fin' i m'embëte !*

Et pourtant, comme j'aimerais la revoir avant de mourir !

À l'époque de nos arrière-grands-parents, les vignobles s'étendaient assez haut au-dessus de Pélussin, jusqu'au pied de la montagne. À Bourchany, nous avions deux grandes cuves, deux caves avec des tins et des vieux tonneaux. À Éparvier, on voyait encore les traces des anciennes vignes.

Vers 1870, on a eu des hivers très rigoureux. Le gel avait fait éclater beaucoup d'arbres, surtout les noyers et les châtaigniers. Ma mère me racontait qu'on entendait de temps en temps des craquements effroyables, comme des coups de tonnerre. Les vignes n'avaient pas résisté.

Les vignobles détruits, les propriétaires n'avaient pas replanté sur place. Ils avaient acheté des parcelles de terrain beaucoup plus bas, sur les côtes du Rhône, souvent des « garanpelés », des landes buissonneuses qu'il avait fallu défricher. Là, ils avaient planté des vignes pour leur consommation ou un peu plus. Ces terres étaient facilement à quatre ou cinq kilomètres, parfois plus.

Mon grand-père avait planté une vigne assez grande. Il avait fait construire à côté un petit bâtiment qui tenait le milieu entre cabane et maison. Mes grands-parents l'appelaient « la loge ». On pouvait y mettre à l'abri une paire de vaches, le cheval sous l'escalier et, dans les coins, un petit fût de vin et quelques outils. Au-dessus, on avait aménagé une jolie petite pièce, avec une grande cheminée, un lit à deux places, une table, un placard mural et des bancs. L'hiver, quand les jours étaient courts, le domestique et le journalier y passaient une semaine entière. Mes oncles leur portaient des provisions et restaient quelquefois avec eux le soir pour jouer aux cartes.

La vigne de mes parents se trouvait aussi là-bas, dans les côtes du Chavanay, au-dessus du Rhône. Pour y aller, c'était toute une expédition. Quand il décidait d'y partir, mon père tâchait d'embaucher deux ou trois journaliers. Tout le monde partait de bon matin, avec les outils sur l'épaule. On travaillait à la main. Il fallait bêcher, biner, essarter ; sans parler du taillage et des menus travaux. On réservait pour les repas à la vigne la meilleure nourriture et la plus facile à transporter. Le saucisson, c'était pour la vigne ; les œufs, les lapins, les poules... Ma mère faisait aussi des crêpes à l'huile de chou pour manger à la vigne.

Au moment du taillage, je ramassais le bois. J'avais appris à attacher les arceaux sur les échalas, à l'aide d'une fine tige d'osier. C'était un nœud spécial, assez difficile, et j'étais fière de mon habileté dans ce travail.

Naturellement, on allait à la vigne à pied, avec ou sans les vaches. Quand on avait oublié quelque chose, c'était un drame. Une fois, c'était le sel qui manquait. Les hommes ne pouvaient pas manger leurs œufs sans sel. J'ai couru demander une pincée de sel à la première maison du village, à un kilomètre environ. Quand je suis revenue, ils s'étaient tous dépêchés de manger, car le temps menaçait, et ils avaient laissé leurs œufs. Moi qui me passais bien de sel, j'ai dégusté le mien et j'en ai eu un second pour mon goûter. C'était jour de banquet ! Après, j'ai souvent pensé : « Ça serait bien facile d'oublier le sel ou de le perdre en route... »

On avait un mauvais chemin, mal empierré : l'ancienne voie romaine qui passait par Pélussin et Chavanay. Pour descendre, le matin, ça allait encore. Les journaliers étaient mieux payés que pour une journée ordinaire ; ils arrivaient plus tôt ; on déjeunait à la lampe ; on partait avant le jour. Le soir, pour remonter, les pieds nous pesaient lourd ; on n'en pouvait plus. Et les pauvres vaches, quand elles avaient fait l'aller avec un tombereau plein de fumier, elles étaient aussi bien fatiguées.

Les ceps étaient fixés aux échalas de telle façon que les animaux ne pouvaient passer dans la vigne. On travaillait le sol à l'aide d'une bêche à deux crocs appelée « bigot ». C'était peut-être le plus dur de tous les travaux des paysans.

Mon grand-père était très fier de sa vigne et de sa « loge ». Il avait pensé à planter des cépages de table et il vendait bien ses raisins. Il faisait aussi un vin excellent et en buvait modérément, ce qui n'était pas toujours le cas de ses fils et de sa belle-fille. Mes oncles aimaient bien boire, mais pour la vigne il devait toujours les pousser. « Faites attention aux vignes... N'oubliez pas de porter le fumier à la vigne... Ne vous mettez pas en retard pour tailler la vigne... » Il était tellement content d'offrir un verre de son vin aux gens qui venaient ! Le facteur y avait droit plus souvent qu'à son tour. « Donne, donne-lui un verre de vin ! » Même les mendiants n'étaient pas oubliés. « Donne, donne-lui une rigotte avec un verre de vin ! » Certains mendiants avalaient le vin, jetaient le pain au chien, mettaient le fromage dans leur besace et s'en allaient. Alors, ma tante les faisait asseoir devant la porte. Elle exigeait qu'ils mangent le pain et le fromage avant de leur donner le verre de vin.

Le mot *vigne* a peut-être été le dernier que mon grand-père ait prononcé. Le jour de sa mort, mes oncles se tenaient près de lui. On voyait bien qu'il était au plus bas. Il a eu un moment de conscience, il les a vus et il a trouvé la force de soulever la tête pour dire, en essayant de crier : « Au lieu de me tourner autour, vous feriez mieux d'aller à la vigne ! » Puis il est retombé et il s'est endormi pour toujours.

Les vendanges se passaient à peu près de la même façon partout. On voit des bennes, grands baquets de bois avec deux poignées de corde pour les soulever. Il fallait les mouiller pour éprouver leur étanchéité et nettoyer à la brosse celles qui ne perdaient pas trop d'eau. Après, il fallait graisser la charrette : il y avait au moins quatre voyages de cinq kilomètres aller-retour, et le retour à la montée, avec un bon chargement.

Pour le repas des vendanges, on réservait le plus gros lapin du clapier, sauf s'il y avait un chevreau tardif ; alors, on tuait le chevreau. Les filles n'allaient pas à l'usine ; les cousins venaient aider, à charge de leur rendre le temps. On demandait aussi un voisin pas trop pressé. On prenait un journalier, quelquefois deux. On partait donc vers les côtes du Rhône. Pour revenir avec un chargement de bennes, on avait peur de rencontrer une automobile.

Ce n'est pas qu'on en voyait beaucoup. Autant que je me souvienne, il n'y en avait qu'une à Pélussin, à cette époque. Elle appartenait à un usinier, M. Mousset, qui l'avait construite lui-même avec son fils. Elle faisait enrager les chiens qui lui couraient au-devant en aboyant furieusement. Comme elle avait des roues très hautes, ils passaient par-dessous sans avoir compris ce qui leur arrivait et ils se retrouvaient derrière, tout vexés. Mais M. Mousset était quelqu'un du pays qui connaissait les animaux. S'il venait à croiser un paysan avec une charrette, il ralentissait et se rangeait. Au besoin, il s'arrêtait. Pour dépasser, il faisait aussi très attention. On ne le craignait pas trop.

Mais il y avait aussi des gens de la ville qui roulaient comme des fous sur leurs machines fumantes et pétaradantes. On parlait de quarante kilomètres à l'heure : plus vite qu'un cheval au galop. Et on racontait des histoires terribles sur des accidents qui étaient arrivés à cause du passage d'un de ces engins qui avait affolé les vaches. Tout le monde redoutait ce genre de rencontre. Certains disaient qu'un jour on ne pourrait même plus aller aux vignes avec une charrette...

À l'automne, il fallait vite ramasser les noix tous les matins parce que les vaches et les charrettes les écrasaient en passant. Presque tous nos noyers étaient sur les bords des chemins. On les mettait dans des caisses à la cave. Plus tard, on faisait le tri. On les montait à la cuisine et on les vidait sur la table. On sortait les véreuses, les trop petites, les noires ; et, d'un autre côté, on mettait les plus belles pour la vente.

Dans le courant de l'hiver, on prenait les fruits tout-venant qu'on avait gardés et on les cassait. En général, c'était mon père qui se chargeait de ce travail. Il s'asseyait sur un banc puis il les cassait avec un marteau sur le bord du banc. C'était un coup d'adresse ; il ne fallait pas trop les écraser et faire des miettes de coquilles. Les morceaux tombaient dans une benne à vendange où ils restaient un certain temps. Et puis on choisissait un jour, aux environs de Noël, pour faire une veillée. On invitait les voisins, les jeunesses des alentours, on se rassemblait, les uns autour du feu pour bavarder et ceux qui avaient envie de travailler autour de la table pour « monder les cachons ».

On étalait ces noix brisées sur le milieu de la table et on fouillait là-dedans en riant et en s'amusant. On faisait tomber les coquilles et on entassait les cachons, c'est-à-dire les cerneaux. Ils étaient destinés au moulin. En attendant de les emporter, on les gardait dans des saladiers, dans des plats ou dans les paillasses à pain.

Ma mère faisait des beignets et du café. Souvent, quelqu'un poussait sa chanson. Pour moi, c'était le jour de fête. Au moulin, on écrasait les cachons avec une meule spéciale. Ensuite, on cuisait la pâte dans une immense poêle et ça coulait en huile. À

Bourchany, on faisait une dizaine de litres : elle était encore meilleure que l'huile de chou.

Et ceux qui n'avaient guère de noyers aimaient bien aller monder les noix chez les voisins. C'était une des plus grandes distractions de l'hiver.

Les châtaignes ne tombaient pas bien toutes seules. On les gaulait, les plus basses depuis le sol, et les autres depuis l'intérieur de l'arbre et les grosses branches. Les jeunes journaliers qui étaient assez agiles montaient sur les châtaigniers et tapaient tant qu'ils pouvaient. Pour ramasser les « peillons », les bogues, on avait des pinces faites d'une branche de saule fendue en longueur. La châtaigne nue, sans son peillon, se conserve mal. Elle se moisit ou elle est mangée par les vers. Et puis celles qui sont encore blanches quand on les fait tomber peuvent mûrir dans leur coque.

Après, on faisait un gros tas dehors, au ras d'un mur, un peu à l'abri. On le couvrait de paille, de foin, de fanes de pommes de terre pour que les châtaignes ne gèlent pas. Quelquefois, on mettait encore des fagots par-dessus pour défendre le tas contre les sangliers qui venaient se servir dans la nuit, par temps de neige. J'en ai même vu un gratter notre provision en plein jour. Il devait être particulièrement affamé.

Quand on en voulait pour manger ou pour vendre, on allait donc creuser dans le tas et on en rapportait un baquet ou deux. L'hiver venu, on avait tout le temps de les trier et de les peler, au fur et à mesure des besoins. Elles se conservaient très bien. On en avait jusqu'au mois de mars. Les bêtes mangeaient les plus petites et les mauvaises. On vendait les plus belles. On gardait les autres pour la consommation. On les faisait rôtir au four ou bouillir pour l'écuellée.

Le dimanche matin, les jeunes allaient à la messe. À la messe ou ailleurs, mais enfin... Tout le monde allait faire une tournée au bourg. Et l'après-midi, quand la saison le permettait, on mangeait en vitesse pour partir dans les bois.

Il y avait souvent quelque chose à récolter. C'était agréable et aussi d'un bon rapport pour les garçons de la montagne. Au moment des framboises, les jeunes d'Éparvier montaient à Botte, une ferme du côté du mont Pilat. Ils n'avaient pas peur de grimper. Les plus habiles ou les plus courageux remplissaient un grand panier. Ces choses-là, ce n'était pas comme le beurre, le fromage, les œufs ; il n'y avait pas de prix établi. Les coquetiers ou les autres commerçants payaient ce qu'ils voulaient.

Les jeunes se faisaient aussi un peu d'argent avec les groseilles sauvages ; mais elles étaient très petites et on n'avançait pas à remplir son panier. Et puis elles s'écrasaient facilement. Les airelles étaient d'un meilleur rapport ; elles se vendaient bien et il y en avait tant qu'on voulait.

Et souvent, on finissait l'après-midi à Dentillon. C'était près de la montagne des Trois-Dents, la plus petite des trois. Il y avait une cabane de gardes forestiers. Plus bas, un grand garçon habitait là, tout seul. On l'avait surnommé Jacqueline... C'était un malin.

Il inventait toujours des trucs pour gagner plus d'argent que les autres. À Dentillon, il avait monté un petit bistrot. Il vendait du vin et de la limonade. Et puis il avait installé un plancher sur unc partie du sol. Ce n'était pas bien plat, mais c'était grand. La place ne manquait pas. Et tous ceux qui voulaient danser pouvaient en profiter.

Quand on avait rempli les paniers de noisettes ou quand on était fatigué, on allait chez Jacqueline. On payait un verre aux filles. Les plus dégourdis esquissaient une danse... On ne pouvait pas rester trop longtemps. Les parents nous attendaient pour panser les bêtes.

Il y avait des champignons toute l'année ; mais la meilleure saison, bien sûr, c'était l'automne. On ne connaissait pas bien les cèpes. On ne savait pas trop les préparer ; mais on en ramassait quelquefois pour vendre aux gens de la ville. À l'automne, on cueillait des pleins paniers de petites quinquemelles. C'est les coulemelles qu'on appelait comme ça, en patois. C'est un champignon qui a un goût un peu salé, qui est délicieux quand on y est habitué.

Dans tous ces bois, le travail ne manquait pas pour les fils des paysans de la montagne. On faisait des coupes pour les Eaux et Forêts et pour les particuliers ; mais surtout pour les Eaux et Forêts. Les plus grands bois et les meilleurs appartenaient à l'État ou aux communes. Il n'y avait pas que les coupes. On travaillait aux plantations, on faisait le défrichage... On comptait et on marquait les arbres pour préparer les coupes.

Le garde forestier rassemblait cinq ou six hommes,

ou plus, suivant l'importance de la coupe à battre. Lui avait déjà son idée, il avait peut-être suivi la coupe. Les démarqueurs avaient une petite hache avec un chiffre ou une lettre en relief sur la tête. Et toute l'équipe s'enfonçait dans les bois. C'était un travail agréable et pas trop pénible pour des jeunes gens habitués à marcher dans les endroits les plus accidentés... Je crois que ça, au moins, ça n'a pas beaucoup changé depuis mon époque. Il faut toujours marquer les arbres pour les couper. Et on ne peut pas le faire en tracteur ou en voiture.

Les démarqueurs donnaient un coup de hachette sur les arbres qui étaient bons, puis ils mesuraient la circonférence avec un mètre ruban. Alors, ils annonçaient les chiffres au garde qui inscrivait sur son carnet. Ils jouaient à celui qui crierait le plus fort. On les entendait de loin. C'était très gai. Et ils gagnaient une bonne journée sans se fatiguer.

La plantation, c'était plus pénible et ça durait plus longtemps. Quelquefois, il fallait planter une colline entière : ça pouvait durer plusieurs semaines. Le garde mettait des piquets pour commencer et, après, de loin en loin. Puis il plaçait ses hommes : « Toi ici, toi là... » On plantait les jeunes pins à un mètre. Chacun prenait sa pioche et son paquet de plants. En général, un paquet de cent. On piochait un coup pour enlever la couche de dessus, on disait l'écorce, c'était presque toujours de la bruyère. On glissait le plant là-dedans, on donnait un coup de talon pour tasser la terre. Et en avant, au suivant. Ça prenait à tous les coups !

Les paysans qui habitaient autour n'étaient pas très

contents de voir les plantations se faire près de chez eux. C'était une fortune pour eux, ces bruyères, ces champêtres. Leurs vaches et leurs chèvres vivaient dessus. Quand l'État a voulu planter, il y a même eu des incendies *fa expré* (volontaires).

Un matin, on se réveillait avec trente ou quarante centimètres de neige. La surprise passée, on attrapait une pelle et un balai d'écurie, et on commençait à tracer les passages dans la cour : un pour aller sous le hangar, un pour aller au bassin tirer l'eau des vaches, un pour aller à la cave, un pour sortir de la cour. Heureusement, la grange et l'étable communiquaient avec la maison. Après, on se joignait aux voisins pour faire les « traces » jusqu'aux principaux chemins et presque jusqu'à Pélussin.

Par temps de neige, il y avait souvent un délégué du hameau qui prenait ses bottes et allait faire les commissions pour tout le monde.

Quand on avait fini les traces, on rentrait à la maison, on débitait un peu de bois ; on fendait des bûches qu'on appelait des « clapes ». On poussait un peu le feu dans la cheminée. On travaillait à réparer l'outillage, les chars. On s'occupait des animaux plus tôt que d'habitude. On finissait le pansage avant la nuit. On ne manquait jamais de foin ni de paille. Tout était rentré. On avait une avance de deux ou trois sacs de son pour les cochons.

Les animaux entendaient souffler la bise : alors, ils faisaient comme nous, ils se couchaient et ils dormaient.

Mon père profitait des journées d'hiver pour réparer nos chaussures ; il cherchait du vieux cuir, de vieilles tiges de bottes et, avec des petites pointes, il nous mettait des semelles sous les sabots. Ça glissait moins et ça protégeait un peu nos galoches qui étaient en bois doux et qui s'usaient très vite.

On préparait aussi les osiers pour attacher la vigne. Nous en avions une rangée tout au long d'un pré. On les coupait avant la neige... si on y pensait. Je me suis souvent gelé les doigts pour les ramasser. On les mettait en fagots et on les apportait à la maison. Mon père mettait à part ceux qu'il voulait vendre, car nous en avions beaucoup. Parmi ceux qu'on gardait, les plus petits servaient tels quels pour attacher la vigne, c'est-à-dire pour attacher les arceaux. Les gros étaient refendus pour le même usage. D'autres encore étaient destinés à la vannerie. On en portait un fagot ou deux suivant les besoins à un voisin, un paysan qui faisait les paniers grossiers pour mettre les pommes de terre ou les fruits. Enfin, on en pelait quelques-uns avec soin et on les donnait à un vannier de Grand-Croix qui fabriquait les paniers fins, les corbeilles blanches, pour la maison ou pour le marché.

Pour Carnaval, on allumait un grand feu à un croisement de routes, pour avoir de la place. Les voitures ne nous dérangeaient pas ! Ceux de Bourchany et des environs, nous faisions notre feu sur la route de Chuyer qui était bien propice. Les hommes rassemblaient des ronces, des buissons, des broussailles, des débris de branchages. La mariée de l'année, quand il y en avait une, se chargeait de l'allumette. Quand les flammes montaient, on faisait la ronde autour du feu en chantant :

Carnaval ne t'en va pas !
Y aura des bugnes, y aura des bugnes,
Carnaval ne t'en va pas !
Y aura des bugnes, y en aura pour toi !

Les femmes avaient préparé la fête. Elles avaient fait des gâteaux, dont les fameuses bugnes, qui étaient des sortes de merveilles, et aussi des crêpes et des chaussons aux pommes. On se réunissait en général dans une grange ou dans une maison inhabitée, comme il y en avait beaucoup dans la région. On accrochait des lanternes aux murs. On allumait un autre feu pour se chauffer, si c'était possible. Ou bien on se réchauffait en dansant, en chantant, en buvant le café qui arrosait les gâteaux.

Souvent, les mariés de l'année payaient la fête. Mais la plupart des gens apportaient quelque chose à boire ou à manger. Chacun chantait la sienne. Je me souviens d'une chanson sur les compagnons que j'ai entendue pour la première fois un soir de Carnaval. C'était un journalier qui la chantait. Et moi, je reprenais avec lui :

Je suis de La Rochelle
De la rue Saint-Simon, dondon !
Mon père est de la Haute-Loire !
Et moi, je suis son garçon, dondon !
Avec mon truellon...

On trouvait toujours quelqu'un pour jouer un air d'accordéon. Un peu avant minuit, les enfants et les vieux allaient dormir. Les jeunes continuaient à danser.

Dans la nuit du 1er mai, la jeunesse du pays se formait en petits groupes qui parcouraient la campagne en chantant pour ramasser les cadeaux traditionnels. Souvent aussi, un garçon jouait de l'accordéon ; parfois, une ou deux filles accompagnaient les gars. Ils partaient le 30 avril à la tombée de la nuit et finissaient leur tournée à l'aube du 1er mai.

À Bourchany, il passait deux ou trois groupes : un de voisins, de paysans et, quelquefois deux, et puis un groupe de compagnons des usines. Ceux de Pélussin passaient tard, parce qu'ils faisaient d'abord une tournée dans le bourg, avant que tout le monde soit couché. Ça allait bien de faire lever les paysans ; mais les gens de la ville ne se dérangeaient pas de leur lit. Enfin, les commerçants et quelques familles jetaient une ou deux pièces par la fenêtre. Et puis les troupes partaient à travers la campagne.

Quand un groupe en entendait un autre chanter dans un hameau, il allait ailleurs et revenait plus tard ; tout le monde était visité.

Une fille et un garçon chantaient ensemble :

Voici le joli, joli mois de mai
Qui est si charmant et si gai
Que toutes les fleurs
Sont dans leur valeur.
Voici le printemps,
Joli mois de mai que tu es donc charmant !

Les paysans ne donnaient pas d'argent, mais des rigottes, du saucisson et surtout des œufs. Chez nous, ceux de Pélussin recevaient trois œufs ; les voisins avaient droit à six, et ma mère les faisait rentrer pour leur payer un verre.

Si on tardait un peu trop à se lever, ils chantaient :

Si vous voulez rien nous donner,
Ne nous laissez pas tant chanter,
Car la nuit s'en va et le jour revient
Et dans notre panier nous ne ramassons rien !

Souvent, un accordéoniste faisait partie du groupe. Quelquefois, une fille s'habillait de blanc pour figurer la « reine de mai ». La troupe chantait.

Nous amenons ici une reine.
Venez la voir, elle est toute de fleurs.
Il y en a de rouges, aussi de blanches.
Les oiseaux chantent sur les branches...

Quand ils avaient reçu les présents, en s'en allant, ils chantaient un air de remerciement :

Messieurs et dames, nous vous remercions
De votre agréable présent.
Dieu par sa bonté donne la santé
À toute la maison.
À l'année prochaine si nous revenons...

Inutile de dire qu'on ne dormait pas beaucoup dans nos campagnes, cette nuit-là. Les chiens, excités, aboyaient sans arrêt et se taisaient seulement à l'aube, avec les derniers chanteurs.

Vers le milieu du mois, les jeunes qui avaient fait la tournée du 1er mai se réunissaient pour manger les omelettes. Les filles étaient invitées et la soirée se terminait par un bal.

La mort de mon père et mes débuts à l'usine

Mon père est tombé malade. Je l'aidais de mon mieux. J'allais aux champs aux crêts, je m'occupais des cochons. Je travaillais aussi avec lui dans les terres. Entre-temps, il avait agrandi la propriété ; les crêts faisaient partie des pièces acquises ; il y avait aussi des prés et des terres... Nous avions trois vaches de travail. Une droitière, une gauchère et une « tout-allant ». Celle-là marchait des deux côtés et pouvait remplacer chacune des autres. Elle nous rendait bien service au moment des vêlages. Elle n'était pas très maligne et allait un peu de travers. Il fallait quelqu'un devant pour la guider. Les autres allaient seules, sauf quand elles étaient énervées en commençant la journée. Pour certains travaux, on devait les conduire, parce qu'elles avaient tendance à aller trop vite. Dans ce cas, il fallait marcher devant : nous ne connaissions pas les guides à oreilles, appelées « retires » dans le Sud-Ouest. Je les conduisais aussi, seule, pour passer la herse.

Nous avions une charrue en fer, avec quelques parties de bois, et une sorte de houe, tout en bois, nommée « binaret ». J'aidais aussi mon père à étendre le fumier. Je comptais les sillons et je plantais un repère tous les sept tours : mon père se basait sur les bâtons que je mettais pour semer plus régulier.

Ma mère souffrait du cœur ; mon père du foie. Ils n'étaient pas trop gais. Moi, j'avais des accès de faiblesse. On me disputait. Mon frère avait mauvais caractère ; il avait neuf ans de moins que moi et il ne voulait pas m'obéir. On le battait. La vie devenait de plus en plus triste.

Je me souviens d'un jour, au mois d'avril. C'était en 1909. Mon père devait aller au moulin. Il a chargé des sacs de grain sur le char et il a dit : « Les enfants viendront avec moi tous les deux, ça les sortira ! »

Ce n'était pas son habitude de nous emmener quand il allait au moulin. Nous sommes montés sur la charrette et nous avons suivi. Au moulin, il a déchargé ses sacs. On lui a demandé quel jour il reviendrait chercher sa farine. Il a haussé les épaules et il n'a pas répondu. Après, il est passé chez le charron, pour une petite réparation. Le charron a entraîné mon père chez un cafetier qu'on appelait Galoche, comme le petit train. Les hommes ont commandé un pot. Mon frère et moi avons bu un peu de vin avec de l'eau : ça ne nous chantait pas bien.

Nous savions que le père était malade ; il n'aurait pas dû aller au café.

Le lendemain, ça allait plus mal ; il est resté au lit. Je suis allée chercher un voisin, un jeune homme qui attendait pour partir au régiment et qu'on a occupé par la suite. Il a déjeuné avec nous, puis il est parti à Pélussin pour demander le médecin.

Donc, le docteur est venu ; il a donné des cataplasmes. On a brûlé mon père à la première application parce qu'on avait mis trop de moutarde. Il était en sang. Il a fallu arrêter.

On ne le soignait pas beaucoup. Il ne mangeait rien. Sous prétexte qu'il avait de l'albumine, on lui interdisait tout. C'était comme ça. En plus, mon père était très malade du foie ; il ne demandait rien, il n'avait pas faim. Le médecin disait : « Je reviendrai demain. » Il est venu douze fois en quinze jours, dont une fois la nuit. Il m'emmenait au retour. Il avait un cheval et une petite voiture à capote. Je prenais les remèdes et je rentrais à pied.

Je faisais mon bétail presque seule. Les voisins venaient passer la nuit. Je ne dormais pas beaucoup. Une nuit, ça allait plus mal, un des voisins est allé chercher le médecin qui est venu aussitôt. Mon père l'a reconnu et lui a dit :

– Mais je vous vois là, tout à coup, et c'est la nuit ! Vous me les compterez pas toutes ces visites ?

Pour le tranquilliser, ma mère a inventé une histoire.

– C'est les Tranchant qui l'ont fait venir pour leur mère. Je lui ai demandé qu'il s'arrête en passant.

Mon père a secoué la tête.

– Mais les Tranchant ne font pas voyager le médecin la nuit !

Un peu plus tard, je suis venue le voir. Il m'a dit :

– Quand je ne serai plus là, il faudra mettre tout l'argent dans le même porte-monnaie. Et quand il n'y en aura plus, qu'il n'y en ait plus pour personne !

Vers cinq heures du matin, il a demandé l'heure. Il l'a redemandée très peu de temps après. On lui a répondu qu'il était six heures ; mais il devait être à peine cinq heures et quart. Il a fait une réflexion qui lui venait souvent aux champs, quand il voyait approcher la fin d'un travail. Il disait en souriant, car c'était une manière de plaisanterie : « *N'sommes à chevau su notre oures* (nous sommes à cheval sur notre ouvrage). » Je ne sais pas s'il a encore pu sourire ; mais ce sont les derniers mots qu'il a prononcés.

Peu après, il est tombé à l'agonie. Je me rappelle, je l'entends râler. Je l'ai entendu râler toute ma vie. Au petit matin, une femme est venue ; une vieille fille qui s'occupait d'œuvres. Son domestique l'accompagnait. Elle lui a dit : « Va chercher le prêtre ! Cours ! » Le curé est arrivé assez vite. Dès que mon père a reçu les derniers sacrements, il a cessé de râler et ça a été fini. C'était le mardi de la semaine sainte. On l'a enterré très vite, parce qu'on ne voulait pas d'inhumation le jeudi saint.

Mon frère suivait bravement ; c'était long, trois kilomètres, pour ses petites jambes. Il n'en pouvait plus. Une femme a dit : « Ce petit, il faut le mettre sur le corbillard ! » Le filleul de mon père qui conduisait le cheval l'a pris dans ses bras ; il a fini le chemin sur le corbillard ; après la messe, ma tante nous a emmenés dans un café tous les deux et nous n'avons pas vu mettre le cercueil en terre.

Pendant plusieurs mois, ma mère a passé ses journées à pleurer. On avait beaucoup de peine à faire notre travail. On était toujours en retard. Pour les cochons, on n'avait rien voulu changer aux habitudes. Quand une truie allait mettre bas, mon père la mettait dans l'étable d'une vieille ferme située à cent cinquante mètres au-dessus de la maison, en direction du crêt. C'était presque une ruine, mais il y avait cette grande étable pour les truies ; elles fouissaient dans la terre ; elles étaient à l'aise. On y montait par un sentier très raide et avec deux seaux. Le matin, ça allait, mais le soir c'était toute une affaire. Je disais à ma mère : « Il faudra faire cuire de plus bonne heure. Je voudrais porter à la truie avant la nuit. Je peux pas m'éclairer et j'ai peur. » Ma mère promettait ; mais quand elle avait bien pleuré, la pâtée de la truie n'était pas cuite et la nuit tombait. Alors, ma mère avait décidé que mon frère m'accompagnerait pour porter la lanterne.

C'était une des premières lampes tempête. Elle était très haute ; le petit la portait comme il pouvait ; mais elle traînait par terre. Heureusement, il y avait un bief qui coulait devant l'étable ; je n'avais pas besoin de monter l'eau.

À côté de cette vieille maison se trouvait un grand hangar plein de déchets de paille et de mauvais foin. Des mendiants, des marchands d'allumettes, des colporteurs, des *pérèrous* (rétameurs) venaient y coucher. Ils ne faisaient pas beaucoup de bruit ; mais on devinait leur présence. J'avais une peur bleue. J'aurais grimpé aux murs ! Heureusement, mon petit frère était plus brave que moi. Il m'était d'un bon soutien.

Enfin, on a eu une nichée de petits cochons ; la première depuis la mort de mon père : ça nous a un peu remonté le moral. C'est si joli, les petits cochons. Quand la mère veut leur donner la tétée, elle se couche et elle les appelle. Ils arrivent tous. Ils prennent leur tétine ; ils ont chacun la leur et ils n'en changent jamais. Ils cherchent ; ils se passent les uns sur les autres jusqu'à ce que tout le monde ait trouvé son bien. Ils s'allongent bien gentiment. Et quand plus aucun ne bouge, la mère se met à ronronner d'une certaine façon, un peu comme une chatte, et elle leur donne le lait. Alors, tout ce petit monde tète son saoul, là ooh ! ça bouge rien, c'est joli, joli, joli !

Et puis mes oncles ont *attrapé* ma mère. Ils l'ont dissuadée de garder cette armée de cochons. On les a donc vendus, le verrat, les truies, les jeunes... tous sauf deux. On a mis des lapins dans l'étable d'en haut. Une petite nichée de lapins, et ça a été merveilleux. Ils se sont reproduits comme des fous ; ils ont fait des terriers. Ils ont envahi la vieille grange. Ils se sont installés dans les anciennes crèches. Il y en avait partout, partout. Quand on en voulait un, on ne savait comment le prendre. On ne pouvait pas choisir... Moi, j'aurais voulu qu'on les laisse vivre tous. Il y avait une charrette démolie, ils montaient dessus et ils la recouvraient complètement. C'était noir de lapins.

Enfin, la vie continuait.

Un peu plus tard, ma mère les a changés de local. Elle les a pris tous : elle a mis trois jours... Et elle les a transportés à côté, dans la cuisine de la vieille maison. C'était une pièce cimentée et ils ne pouvaient pas creuser de terriers. J'ai vu tout de suite qu'ils étaient malheureux. À cette époque, je commençais à aller à l'usine. Je venais voir mes lapins et je leur disais : « Vous êtes comme moi, on vous a mis en prison ! »

Ils ont périclité et ça a été la fin de l'élevage.

Ma mère me faisait partager tous les soucis de la maison. Et, bien sûr, les soucis d'argent. Comment payer ci ? Comment payer ça ? Elle avait commandé le charbon pour l'hiver à un homme qui livrait à la campagne. Un jour, le bonhomme est arrivé avec un grand tombereau, tiré par deux bœufs et un cheval. « Oh ! mon Dieu ! tout ce charbon ! » Ma mère se tordait les mains en gémissant. « Mais je ne voulais pas tout ça ! Il y en a la moitié d'un wagon ! Comment on va faire pour payer tout ça ? » Moi, j'étais complètement affolée. Je voyais ma mère ruinée et la propriété vendue parce qu'on ne pourrait pas payer le charbon... Enfin, on l'a rentré. On en a payé la moitié comptant et le reste un mois après. On en a eu pour deux hivers.

Nous avions toujours deux chiens : mon Floquet et le gros Tito qui gardait les chèvres et les vaches presque tout seul. À la mort de mon père, ce Tito est devenu méchant. Avec ça qu'il était noir, frisé, barbu et sale dégoûtant parce qu'il léchait tout le temps le seau du cochon, il faisait peur. Un jour, il a mordu le facteur. Alors, mon Dieu, ce facteur qui allait à pied, c'était terrible ! On ne parlait que de ça dans les environs. Il passait tous les jours, rien que pour nous faire voir sa jambe. Ça avait fait une petite bosse au-dessous du mollet, comme une bille à jouer, et c'était noir autour. Le pauvre homme se désespérait. « Je vais être obligé de le déclarer. Si demain je ne peux pas faire ma tournée, il faudra me payer un remplaçant ! »

Ma mère se tourmentait et moi deux fois plus qu'elle. « Payer un remplaçant... Mon Dieu, combien ça va nous coûter ? » Tous les jours, on examinait la jambe blessée. « Je suis encore venu aujourd'hui, parce que si demain... » Il le faisait exprès. « Ah ! ça va coûter cher, pour sûr ! » Ma mère était aux cent dix-neuf coups et moi, j'en perdais le boire et le manger. La morsure était guérie depuis des semaines que le facteur venait encore chaque matin pour nous dire que ça allait un peu mieux, mais que peut-être demain il serait obligé... et que ça coûterait cher ! Il aurait voulu qu'on tue notre Tito. Tuer le chien de mon père, non ! On l'a tenu à l'attache pendant quelque temps et il s'est calmé. Le facteur s'est remis à marcher droit ; il ne passait plus que deux fois par semaine. Puis il a arrêté de venir quand il n'avait pas de lettre. On a fini par oublier cette histoire.

Pendant plusieurs mois après la mort de mon père, j'avais été malade de tristesse. Je ne pleurais pas souvent ; je ne disais rien, mais j'étais vraiment malade. Je me traînais en faisant mon travail ; j'étais toute voûtée ; j'avais l'air pitoyable. Alors, ma cousine Louise m'a dit :

– Qu'est-ce que tu veux ? Ton père est mort, c'est la loi, tout le monde meurt. C'est qu'il devait mourir. Il était malade depuis longtemps. Il te faut prier !

Je l'ai écoutée. Je me suis mise à prier et cette croyance m'a suivie partout. Elle m'a bien soutenue. Un jour, je l'ai confiée à un copain, un garçon plus âgé que moi qui avait perdu son père et sa mère. Il était orphelin. Il était encore plus malheureux que moi. Mais il était plus âgé ; il souffrait peut-être moins. Il m'a dit :

– Ah ! tu as une croyance.

– Oui et je crois qu'elle m'aide bien.

Il m'a approuvée en souriant.

– Ben, tu sais, il faut pas en parler. Il faut pas trop faire voir que tu as ça, à cause des jalousies. Et tu n'as qu'à garder ta croyance comme tu l'as.

Je l'ai écouté aussi. J'ai gardé ma croyance sans rien dire et ça m'a aidée toute la vie.

Un jour, ma mère a embauché un jeune homme qui se préparait à partir au régiment. Et moi, je suis allée à l'usine pour gagner ses gages.

Je n'étais pas trop effrayée. C'était une petite usine sur la Valencize, à l'est de Pélussin, et pas trop loin de chez moi, un ancien moulin comme il y en avait beaucoup. On y faisait le moulinage ou dévidage de la soie. On appelait toute cette industrie le « moulinage ». Il y avait plus de trente usines dans la commune. Certaines n'étaient que de minuscules ateliers, mais on appelait tout « usine ».

Au moulin de la Guintranie, chez Raffard, on parlait patois et ça me rassurait. Je connaissais deux des cinq ou six filles qui travaillaient là. C'étaient des voisines qui rentraient chez elles tous les soirs ; et même quelquefois à midi. D'autres étaient logées à l'usine.

Nous aimions beaucoup nos patrons. La patronne était presque toujours avec nous. Elle avait deux petits enfants. On s'amusait un peu avec eux. On était vraiment en famille. Les hommes étaient deux frères. Ils travaillaient une partie de la nuit. Pour aller dans leurs chambres, ils devaient traverser notre dortoir ; mais ils étaient très discrets et ils faisaient tout ce qu'ils pouvaient pour ne pas nous déranger.

La Valencize alimentait une grande pièce d'eau où tournait une roue à godets. Les machines marchaient comme ça. Elles ne tournaient pas trop vite et c'était très commode. On s'éclairait à l'électricité et on avait le chauffage central, avec une chaudière à charbon qu'il fallait entretenir la nuit. Ces deux hommes couraient toute la nuit pour une chose ou pour une autre. Moi, je trouvais le tas de charbon absolument énorme. Je n'en avais jamais tant vu. Les tuyaux d'eau chaude faisaient le tour de l'usine. Mais, dans notre cuisine, c'était une cuisinière qui chauffait. Et le dortoir n'était pas chauffé ; ce n'était pas l'habitude, à l'époque.

On disposait de la cuisinière à volonté. On avait chacune un petit placard dans la cuisine. On préparait tout ce qu'on voulait et on prenait notre eau chaude dans la bouillotte de la cuisinière. Il n'y en avait pas beaucoup pour chacune, mais elle était bien chaude. Les patrons avaient leur appartement à côté. Ils partageaient la cuisinière avec nous. La patronne nous trempait la soupe.

Le matin à cinq heures et demie et le soir à huit heures, chaque ouvrière préparait son bol avec le pain qu'elle voulait, enfin avec ce qu'elle avait. Les unes avaient du pain blanc, les autres du pain noir. Et la patronne nous versait le bouillon. Il était toujours très bon. On nous traitait aussi bien que possible. Pour le reste, nous emportions notre nourriture. Je rentrais chez moi à midi, à ce moment. J'apportais un morceau de pain, du lard pour le soir et du chocolat pour le matin. Il n'y avait que deux kilomètres entre Bourchany et le moulin ; mais le soir, c'était trop tard pour rentrer. Et le matin on embauchait à cinq heures et demie...

Pour dormir, au début, ça a été très pénible, parce que mon lit était tourné à l'envers de la maison. J'avais la tête au sud et je ne trouvais pas le sommeil. Je n'osais pas en parler, de peur qu'on se moque de moi.

Il y avait beaucoup d'usines isolées, au bord d'une rivière, en pleine campagne, ou dans la montagne. Les plus grandes se trouvaient de l'autre côté de Pélussin, sur le Régrillon, le gros ruisseau qui descend du crêt de l'Œillon. Certaines avaient des ateliers de tissage. La nôtre ne faisait que le dévidage. On recevait des écheveaux de soie d'Italie : le fil était comme un cheveu. On commençait par les dévider sur un roquet, une grosse bobine sans rebord.

Ensuite, on passait le roquet sur une mécanique qui s'appelait le moulin. Là, la bobine qui dévidait tournait à une allure vertigineuse et celle qui enroulait tournait tout doucement. Et ça donnait une torsion extrême qui faisait ensuite l'épaisseur du tissu : crêpe de Chine ou crêpe Georgette.

La soie qu'on recevait n'avait subi que deux traitements : le nettoyage et le floquetage. La couleur naturelle de la soie, c'est un blanc crémeux. Celle que nous recevions était quelquefois teinte en jaune.

Le matin, on nous réveillait en criant : « *Allo' filles ! Fô ve levo !* » Il était cinq heures. La journée commençait une demi-heure plus tard. À huit heures, on avait une demi-heure pour déjeuner et on sortait à onze heures et demie. On recommençait à une heure et demie. À quatre heures, on avait encore une demi-heure pour goûter. Et on reprenait jusqu'à six heures et demie. On était debout depuis cinq heures et on avait fait dix heures de travail... Moi, j'avais treize ans et je trouvais ça long !

Heureusement, chez Raffard, on avait l'électricité. Je connaissais une usine un peu avant d'arriver à La Croix-de-Montvieux, juste au-dessous de Chirat-Renard. Elle était alimentée par un bief de rien ; mais ça tournait quand même et il y avait une dizaine de filles. Alors, c'était un endroit très isolé et ça n'a pas été électrifié de bonne heure. On s'éclairait avec de grosses lampes à pétrole en cuivre, avec des abat-jour de tôle. Et pour les moulins où on avait besoin d'être éclairé de très près, les filles avaient des lanternes tempêtes, comme celles qui servaient aux paysans pour aller à l'étable. Elles les accrochaient à un fil tendu devant elles et elles les poussaient en avançant. Et, ma foi, ça allait très bien. Personne ne récriminait. Nous faisions soixante heures par semaine... Et maintenant, on trouve que quarante c'est trop !

Quand j'ai touché mes premiers six francs cinquante, je les ai mis dans le porte-monnaie de ma mère et puis de temps en temps, j'allais les voir. Je me disais : « Quand même, ça a bien rehaussé la bourse de la famille ! »

Le soir, nous étions autorisées à faire une sortie à Pélussin une ou deux fois par semaine. Les grandes qui conduisaient la bande ouvraient la porte de la cuisine et appelaient Mme Raffard.

– Patronne, on va à Pélussin. Vous avez des commissions ?

– Apportez-moi du café.

Le café manquait toujours dans cette maison.

– Où faut-il le prendre ?

La patronne calculait. Il fallait faire travailler tous les commerçants ; mais elle ne voulait pas envoyer ses filles trop loin. Elle se décidait finalement. Nous demandions la permission d'emmener le Mouton, un gros chien un peu lourdaud, mais fidèle et bon gardien.

– Emmenez-le ! Il s'abrutit à ne jamais sortir.

C'est vrai que nous ne demandions pas grand-chose ; mais on nous disait toujours oui. Le Mouton se mettait sagement entre deux grandes qu'il connaissait. Il était plutôt réservé avec celles qu'il ne connaissait pas bien, comme moi. Il nous accompagnait pas à pas. Il était aussi gentil que ses maîtres. Et nous allions à Pélussin.

Les grandes mettaient toujours dans leur poche un morceau de bougie et une boîte d'allumettes pour aller voir à la grille de la mairie et lire les publications de bans s'il y en avait. Elles pensaient beaucoup au mariage. Quand elles découvraient une annonce, elles revenaient très excitées, surtout si quelqu'une connaissait les fiancés. On en parlait toute la journée du lendemain et quelquefois bien plus longtemps.

On rentrait. On allait se coucher... À ce moment, cette vie ne me déplaisait pas. C'est plus tard que j'ai commencé à m'ennuyer à l'usine.

L'été suivant, je suis restée à la maison pour aller aux champs avec mon troupeau, comme d'habitude, et m'occuper des cochons. À l'automne, je pensais retourner à la petite usine ; mais il n'y avait pas de place. Il fallait attendre qu'une fille se marie et laisse la sienne. Ma mère a parlé à une voisine qui allait travailler à Pélussin avec le tacot. Moi, ça m'intéressait de prendre le train ; mais j'étais un peu effrayée à l'idée d'aller dans une grande usine où il y aurait beaucoup de monde et où on ne parlerait peut-être que le français.

Je mettais encore pas mal de patois dans mes phrases et j'avais peur qu'on se moque de moi.

Enfin, j'ai été embauchée et je suis arrivée un matin, avec mon panier et un litre de vin que j'avais acheté à l'épicerie du Casino. On m'a mise au travail aussitôt.

Il y avait des flottes qui attendaient, montées depuis longtemps, complètement sèches et mauvaises. On m'a dit : « Vous allez finir ça. C'est mauvais, tant pis. Faites-en ce que vous pourrez ! » À la sortie, j'ai entendu quelqu'un dire à la voisine qui m'avait amenée que je me débrouillais bien, que ça allait marcher.

Et ça a continué. Mais ce n'était pas la même vie qu'à la petite usine. Il y avait pas mal d'hommes qu'on appelait les « compagnons ». En général, ils venaient de l'Ardèche ; ils faisaient le tour des usines de la région pour apprendre le métier de la soierie. Il y avait un contremaître et un entreteneur qui s'occupaient des machines. Et puis le patron avec sa canne et sa casquette ; il me faisait un peu peur. Il s'appelait M. Chavanne. Mme Chavanne venait nous voir tous les jours après quatre heures. C'était une grande dame. Elle portait des toilettes qui m'impressionnaient beaucoup.

Je suis rentrée chez Chavanne à quatorze ans ; et j'y suis restée jusqu'à dix-huit ans. Je suis partie peu avant la déclaration de guerre pour aller tenir l'épicerie de ma grand-mère à Virieu, c'est-à-dire Pélussin-le-haut.

Le travail me plaisait, mais je n'étais pas très à l'aise parce que les paysannes n'« existaient » pas beaucoup. Je veux dire qu'on n'avait pas la cote auprès des ouvriers de la ville. Les compagnons nous accusaient de venir gagner leur argent pour faire un bas de laine... Alors, nous nous tenions dans notre coin sans faire de bruit.

Le soir, de six heures et demie à neuf heures, on était libre. J'aimais bien ce moment. Je cousais et tricotais. Je me sentais un peu seule. J'avais quatorze ans. Il n'y avait pas beaucoup de « jeunesses » de mon âge. Les plus jeunes après moi étaient du bourg ;

elles rentraient chez elles le soir. Les autres paysannes étaient plus âgées. Quand elles sortaient, pour aller aux commissions ou pour se promener, elles n'aimaient pas m'emmener avec elles. « La petite n'a pas besoin de savoir ce qu'on fait ! » Alors, je m'asseyais sur la table et je brodais, la tête sous l'abat-jour. Là, je jouissais à plein de la lumière électrique.

Je racontais à ma grand-mère : « Oh ! grand-mère, si tu savais comme c'est bien, la lumière électrique ! On y voit partout. Il n'y a pas de coins sombres. On n'a jamais peur. Et on n'a pas besoin d'économiser le pétrole ! »

La vie continuait ainsi, ni joyeuse ni triste. Mais les filles de vingt ans ou plus avaient l'air bien malheureuses. Elles auraient tellement voulu qu'un brave paysan vienne les chercher... Moi, j'étais encore trop jeune pour me demander ce que j'allais devenir. Et puis je n'avais pas le temps de réfléchir. Au début, j'étais toujours de corvée. « Il n'y a qu'à envoyer la gosse chercher ci ou ça... » Le soir, par exemple, il fallait chercher l'eau potable chez un voisin. La fontaine se trouvait à une centaine de mètres, dans un endroit touffu. Et je trouvais que les lampes de l'usine étaient bien loin ! « Allez, Claudia, tu vas chercher de l'eau ! » Toujours moi. « Allez, Claudia, tu vas chercher le charbon ! »

Un soir, en allant chercher l'eau, j'ai rencontré un garçon qui m'attendait derrière un pan de mur. Il a commencé par me faire très peur ; après, il est devenu très entreprenant. Je m'en suis débarrassée comme j'ai pu et j'ai dit aux autres : « Je veux bien aller chercher l'eau pourvu qu'il y en ait une qui vienne avec moi ! »

Le samedi était une journée très dure. Pour rentrer, nous devions prendre le tacot qui partait de Pélussin à quatre heures et demie de l'après-midi. Il nous fallait donc gagner deux heures. La semaine était de soixante heures, pas cinquante-huit. On commençait à rattraper une demi-heure le matin, c'est-à-dire qu'on commençait à cinq heures au lieu de cinq heures et demie... Ceux du bourg grognaient un peu. Ils étaient obligés de suivre l'horaire. « Il faut se lever à point d'heure à cause de ces sacrées paysannes ! » Alors, ils ne manquaient pas de nous envoyer des mots.

Enfin, on rattrapait une heure à midi ! Et ça recommençait : « Même pas le temps de manger à cause des paysannes ! » À quatre heures, heureusement, nous étions libres et nous courions prendre notre tacot pour rentrer chez nous. Nous avions une carte d'abonnement qui coûtait trois francs cinquante pour trois mois et le patron nous l'offrait. Nous trouvions que c'était très généreux de sa part. Il n'y était pas obligé.

Au printemps, j'ai commencé à devenir un peu nostalgique. Je me souviens d'un matin. J'avais ouvert la fenêtre, il était à peine quatre heures, et le rossignol chantait. C'était un oiseau qu'on n'entend pas souvent. Même des gens qui ont toujours vécu à la campagne ne l'ont jamais entendu. Il chante parfois au petit jour, vers trois ou quatre heures du matin. C'est un chant qu'on ne peut pas décrire... presque mystérieux tellement c'est beau !

J'avais ouvert la petite fenêtre du dortoir, à côté de mon lit, et le rossignol se tenait perché sur un grand frêne du Régrillon, là, tout près.

Il a chanté un long moment pour moi seule. Puis il s'est tu. Peut-être est-il parti. Je ne sais pas. Alors, j'ai refermé la fenêtre très doucement, pour ne pas réveiller les autres. J'avais les joues pleines de larmes.

Je prenais donc le tacot deux jours par semaine.

Notre « départemental » est né à peu près en même temps que moi, vers 1895. Mais le tronçon de Pélussin n'a été mis en service que dix ans plus tard environ. J'étais toute petite quand on a tracé la ligne. Je me rappelle que ma mère nourrissait les ouvriers. C'est peut-être le premier souvenir de mon enfance... Nous avions un joli petit bol imprimé avec un nom : *Louisa.* Je l'aimais beaucoup. Ma mère le donnait à un de ces hommes avec un œuf.

Je le reverrai toujours... Le jeune ouvrier séparait le jaune et le blanc. Il sortait le blanc ; puis il mettait du sel, du poivre et du vinaigre ; il prenait une tranche de pain et il partait avec son bol. Il allait s'asseoir sur une marche, au milieu de l'escalier, avec sa gourde entre les jambes. Il trempait son pain dans le jaune d'œuf et, de temps en temps, il buvait un coup. Il mangeait comme ça tous les jours et moi, je le regardais. Oui, c'est bien un de mes premiers souvenirs.

Et, plus tard, j'ai fait le voyage d'inauguration, un dimanche, entre Chuyer et Pélussin, pour la somme de quarante centimes. Ma grand-mère m'avait offert le voyage. Le premier chef de gare de Pélussin était une femme. Elle criait très fort ; elle n'arrêtait pas de courir sur la voie et remuait beaucoup d'air. La gare était une simple baraque en planches.

Quand j'ai eu dix ans, mon père a recueilli des signatures pour obtenir un arrêt facultatif en haut de chez nous, à Bourchany. À ce moment-là, j'étais abonnée trois mois l'hiver pour aller à l'école à Pélussin, et ça coûtait cinq francs par mois. Et quand je suis rentrée à l'usine Chavanne, bien sûr, il nous emmenait à Pélussin le dimanche soir et nous ramenait à la maison le samedi après-midi. Il y avait une quinzaine de filles, de Chuyer, La Chapelle et ailleurs. Tout le monde se retrouvait donc le dimanche, panier au bras. Les paniers ne contenaient pas grand-chose : un morceau de pain noir, quelques pommes de terre, une demi-douzaine d'œufs à la saison, un bout de lard... On partait travailler pour douze francs par semaine ; mais ça ne nous empêchait pas de chanter.

Les filles de Chuyer, qui étaient une bande de cousines, se mettaient au fond d'un wagon pour seriner les rengaines de l'époque.

Mirella la jolie,
Toi, la plus belle de l'Italie...

Ô Magali
Mon bel oiseau joli
Petite fleur
Au jardin de mon cœur...

On chantait encore :

Ferme tes jolis yeux
Car les heures sont brèves
Au pays merveilleux
Au doux pays du rêve...

Petit papillon volage
Qui ressemble à mon amant
Tu te plais au badinage
Mais l'amour n'a qu'un temps
Vive les amants
Et le changement !

Grands dieux que je suis à mon aise
Quand j'ai ma mie auprès de moi !
De temps en temps je la caresse
En disant : mie embrasse-moi...

... et bien d'autres que j'ai oubliées.

Il y avait aussi des garçons qui revenaient du bal au col de Pavezin ou qui faisaient leur tournée de conscrits, avec le béret sur l'oreille et le pompon sur l'épaule. Ces tournées duraient souvent tout un hiver. Parfois, un couple se réfugiait sur la plate-forme pour s'embrasser. J'en ai vu là par moins quinze degrés ! Leurs baisers devaient être bien brûlants pour leur faire oublier cette température et les deux ou trois centimètres de neige ou de glace qui recouvraient la plate-forme !

La neige le bloquait souvent, notre pauvre tacot. Alors, les paysans venaient lui ouvrir le passage avec des pelles. Ils emportaient une bouteille d'eau-de-vie pour réchauffer les cheminots et les voyageurs. Les employés étaient quatre : le chauffeur, le mécanicien, le convoyeur et le postier. Quand ils avaient tous tété la bouteille, il ne restait pas beaucoup d'eau-de-vie pour les voyageurs qui en auraient voulu.

Le chauffeur ne se gênait pas pour jeter son crassier dans le fossé, même en été. Plusieurs fois, il a mis le feu aux taillis, entre Bourchany et Pavezin.

Le samedi, on voyageait en compagnie du père Madeleine qui revenait de Pélussin avec un paquet de viande. C'était un gros paquet, parce qu'il achetait toujours de la viande de mauvaise qualité et beaucoup d'os. Cela faisait un colis plutôt encombrant. Et, au moment de descendre, le brave homme n'en finissait pas de dire au revoir à tout le monde. Alors, le mécanicien remettait la machine en marche comme s'il allait repartir. En réalité, il rapprochait le père Madeleine de son chemin ; mais le vieux se croyait parti pour Chuyer. Il brandissait son bâton d'une main et son paquet de viande de l'autre. Il menaçait de se plaindre à la « manufacture ». Il voulait dire la préfecture ; mais la manufacture était beaucoup plus célèbre... Le paquet se dépliait, quelquefois un os tombait.

Cette petite scène se répétait presque tous les samedis, à croire qu'ils le faisaient exprès, tous. Et on riait toujours autant. On commençait à rire un kilomètre avant l'arrêt du père Madeleine. Et puis sa « manufacture » était devenue proverbiale. Dans tous les environs, et bien longtemps après, on disait en riant : « Plains-toi à la manufacture... On va se plaindre à la manufacture ! » On avait même fini par le dire sérieusement, sans y penser.

Souvent, quand le train s'arrêtait pour prendre de l'eau aux Marranches ou au lavoir de Pélussin, beaucoup de filles descendaient. Le mécanicien et le chauffeur en profitaient pour distribuer quelques baisers et laisser un peu de noir sur une joue ou un corsage. Les filles faisaient semblant de se mettre en colère. « Gros sale ! Vous m'avez mâchurée ! »

En général, il y avait un wagon de deuxième classe et un demi-wagon de première classe. En première, les voyageurs avaient droit à un petit coussin sur le siège. Mais on disait : « Les premières, c'est pour ceux qui se croient, les grincheux, les sauvages et les peigne-culs ! » On se moquait de ceux qui avaient le culot de monter dans le demi-wagon. En allant à Saint-Étienne, on s'arrêtait à La Bachasse et tout le monde allait boire un coup au restaurant Eymard. On avait soin d'inviter les mécaniciens pour être sûr de ne pas manquer le départ !

À la Croix du Mazet, il y avait un minuscule tunnel qui laissait juste aux amoureux le temps de s'embrasser.

L'été, les vipères venaient s'allonger sur les rails pour se chauffer le ventre. Elles étaient tellement bien qu'il leur arrivait de s'endormir là et de se faire écraser.

Quatre ans à l'usine

L'usine Chavanne était au bord du Régrillon, sur la route de Virieu à Maclas. Il y avait beaucoup d'autres usines aux environs. Je me souviens de quelques noms : Cholet, Dérieux, Roland, Mousset, Gabert, Celle, Pessonneau, Pelletier, Revollon...

M. Revollon était le maire de Pélussin. Chez lui, on fabriquait l'électricité. On ne la ménageait pas. Il disait à ses ouvriers : « Vous n'avez pas besoin d'éteindre. On n'a pas besoin de se priver : ça ne coûte pas cher... » Il y avait des lumières partout et elles brillaient toute la nuit. Je trouvais que c'était du gaspillage ; mais ça me faisait quand même bien envie, parce que chez Chavanne il fallait tout le temps éteindre. Le bouton qui donnait la lumière à l'usine se trouvait dans la cuisine et il était tout déclaqueté et on attrapait le courant chaque fois qu'on le touchait. Alors ça, c'était aussi une corvée pour moi.

« Claudia, mets la lumière ! Claudia, éteins la lumière ! » Je recevais une sonnée dans le bras et ça me montait jusque dans la tête. Je n'avais pas la malice de prendre mon mouchoir ou le coin de mon tablier ou n'importe quoi pour toucher le bouton. Il aurait fallu qu'on me le dise. Je ne comprenais pas pourquoi ça me faisait ça et je ne savais même pas si ça faisait le même effet aux autres. C'était tellement nouveau et mystérieux, l'électricité !

En quatre ans, j'ai eu le temps de bien connaître le travail.

La soie était d'origine italienne, mais elle nous arrivait de Lyon. Les voituriers de Pélussin faisaient le voyage de Lyon tous les jours avec leurs chevaux pour nous apporter les ballots de soie en écheveaux bruts qu'on dévidait aux « banques ». On nouait le fil sur une bobine qui enroulait.

Après le bobinage, une certaine quantité de soie allait au doublage et le reste aux moulins. Et puis on la passait à l'apprêt. Il y avait une étuve humide et très chaude où les fils étaient liés ensemble. L'entreteneur faisait de gros sommes là-bas derrière. Il dormait la moitié de la journée. Après l'étuve, la soie doublée était reflottée, c'est-à-dire remise en écheveaux pour être renvoyée à Lyon, principalement pour la bluterie.

Celle qui n'était pas doublée passait aux moulins où elle subissait la torsion qui donnait l'épaisseur du tissu. Quand le fil qui montait se cassait, il fallait le reprendre à la bobine et le renouer... Sur la fin, je travaillais là ; mais c'était trop pénible pour moi. Je suis partie à temps ; je n'en pouvais plus. Il y avait deux rangs à suivre. Pour le rang du bas, on s'asseyait sur un banc qu'on faisait rouler avec les pieds. Quand on avait fini à un endroit, on poussait le banc et on allait plus loin. Pour le rang d'en haut, il fallait avoir les bras levés toute la journée ; ça me fatiguait beaucoup le cœur. C'étaient surtout les hommes qui travaillaient là. Chaque ouvrier surveillait deux ou trois cents bobines. Il y avait continuellement des fils à nouer, surtout quand la soie n'était pas trop bonne.

Quand les roquets étaient vides, ils revenaient à la banque où on les remplissait de nouveau. Ça n'arrêtait pas ; il y avait un travail fou, fou...

Alors, au début, je travaillais aux banques. Ces roquets, il fallait les surveiller avec beaucoup d'attention pour qu'ils ne débordent pas. Quelques filles avaient toujours leurs banques pleines : les compagnons ne voulaient pas de leurs roquets, parce qu'ils étaient mal enroulés ou mal calibrés ou mal noués. Mais les miens étaient toujours pris.

Un des compagnons se nommait Tracol. Il était aux moulins et il prenait mes roquets en priorité. Il trouvait que je travaillais bien. Et comme il avait beaucoup d'influence sur les autres, finalement j'étais assez bien vue pour une paysanne.

Les banques, c'était l'endroit le moins bruyant. Partout ailleurs, ça ferraillait à vous arracher les oreilles. Alors, on y avait mis le téléphone. C'est comme ça que j'ai fait connaissance avec cet appareil qui m'impressionnait beaucoup. Quand le téléphone sonnait, c'est encore moi qui allais chercher M. Chavanne. Je n'y aurais jamais touché de peur de recevoir de l'électricité comme au bouton de la cuisine...

La soie appartenait à diverses maisons de Lyon. On avait quelquefois de grosses difficultés, parce qu'il arrivait qu'on fasse des mélanges, soit au magasin, au moment de la préparer pour le dévidage, soit pendant le dévidage. Alors, ça allait mal et ça grinçait pour tout le monde. Mais le pire, c'était quand il en manquait parce que les *piqueurs d'onces* s'étaient servis... Enfin, M. Chavanne expédiait la soie que nous avions préparée et on nous disait : « Ça va chez les canuts. » Les canuts, c'étaient les ouvriers qui tissaient la soie sur les métiers. À un moment, il y a eu de graves difficultés chez eux. Ils ne pouvaient pas vivre. Ils chantaient :

C'est nous les canuts.
Nous sommes tout nus !

Nous, chez Chavanne, on gagnait deux francs par jour. C'était bien ; on ne se plaignait pas. De plus, les bâtiments étaient plutôt neufs. Avant, il y avait une scierie et une menuiserie ; puis tout avait été agrandi ou reconstruit. C'était spacieux, bien chauffé et bien éclairé. Le patron était très chic ; nous aurions eu tort de nous plaindre.

Il y avait quand même des piqueurs d'onces dans beaucoup d'usines. Les contremaîtres ne se gênaient pas pour se servir. Et beaucoup d'ouvriers bien placés. Le déchet s'appelait la bourre et un marchand de bourre passait deux fois par an pour l'acheter. Il emportait toujours un peu de belle soie au fond de ses sacs. C'était presque admis. Tant qu'il n'en manquait pas trop, ça passait.

Donc, on ramassait la bourre qui appartenait au contremaître, quand il y en avait un. Ça faisait partie de son salaire. Il vendait ces déchets à son compte.

Les vrais voleurs finissaient toujours par se faire prendre. Chez Revollon, l'usine à côté, il y avait une drôle de « payse », déjà d'« un âge » et un peu simple d'esprit. Enfin, elle gagnait sa journée comme les autres. Mais ça ne lui suffisait pas tout à fait.

Avant de sortir, on ramassait la bourre. Chacun devait rassembler la sienne. Le contremaître ou le patron surveillait les opérations. Surtout quand il manquait de la soie, on faisait très attention aux déchets. Un jour, cette payse n'avait pas rassemblé la bourre. Elle en avait partout : sur les bras, sur la poitrine, dans le dos. Alors, le patron qui était là s'est mis à lui ramasser tous ces flocons. Il la « doutait » peut-être un peu. Et en tâtant, il s'est aperçu qu'elle avait un ou deux écheveaux sur elle.

– Eh bien, ma belle ! C'est toi qui m'emportais ma soie ?

Elle n'était pas bien belle ; mais elle est quand même tombée dans les bras du patron en pleurant.

– Oh ! monsieur, il y en a qui en emportent bien plus que moi !

– Ça, je m'en doute !

On l'a emmenée dans le bureau ; on l'a questionnée.

– À qui portes-tu ça ?

Elle a avoué en gémissant :

– À Mme B. !

– Et alors, elle te paye ? Combien ça te rapporte ?

– Elle me tricote une paire de bas de temps en temps !

– Eh ben ! a dit le patron, tu es aussi volée que moi ! Écoute, tu vas me laisser ma soie. On te surveillera. Et quand tu auras besoin d'une paire de bas, tu iras la demander à Mme Revollon !

Les patrons n'étaient pas méchants ; l'affaire n'a pas été plus loin.

Et puis le mari de cette Mme B. travaillait dans une grande usine, chez Mousset, juste au-dessous du viaduc. Il était mécanicien entreteneur. Là aussi, il manquait de la soie !

Il manquait de la soie chez Mousset. Tout le monde s'interrogeait. Quand il manquait de la soie dans une usine, il ne faisait pas bon y vivre... Le patron était sur les dents. Tout le monde se regardait en faisant mauvaise mine. On restait à s'interroger. C'est arrivé chez Chavanne ; finalement, ce n'était pas un vol mais un mélange.

Chez Mousset, après l'histoire de la bonne femme de Revollon, on s'est mis à soupçonner ce M. B., mais on n'arrivait pas à le prendre. Le fils Mousset avait remarqué qu'avant de partir il allait se déshabiller au magasin. Il enlevait ses vêtements sales de mécanicien ; il se mettait coquet pour rentrer chez lui, à Pélussin, puisque c'étaient des gens du pays. Le fils Mousset le surveillait de loin ; mais il ne voyait rien. Un jour, il a décidé de découper un morceau de latte au plancher du dessus pour le surveiller pendant qu'il se changeait. Alors, il a vu.

Le mécanicien emportait un écheveau arrangé autour de sa ceinture, il mettait son pantalon pardessus, son gilet ou sa veste, et il s'en allait fier comme un monsieur.

Le fils Mousset a téléphoné aussitôt à la gendarmerie et on l'a cueilli avant qu'il soit seulement chez lui. Et il a été en prison. Sa femme qui s'occupait de vendre la soie a été condamnée aussi ; mais elle était diabétique et, sur le coup du désespoir, sa maladie s'est aggravée. Elle ne voulait pas aller en prison. Peu après, elle en est morte.

Moi, je les connaissais bien. J'avais été sollicitée pour ce trafic. Mais ce n'était pas mon genre. Et puis je n'avais pas besoin d'argent ; je ne manquais de rien.

Chez Chavanne, nous étions cinq ou six paysannes ; j'étais la plus jeune. Il y avait aussi des compagnons ardéchois, des ouvriers du bourg et quelques ménages. Les paysannes rentraient chez elles en été, plus ou moins longtemps. Certaines ne restaient pas plus de quinze jours à la terre pour aider au moment des gros travaux. D'autres trois semaines ou un mois. Mais moi, je faisais besoin à la maison dès le printemps. Je ne travaillais guère que six mois à l'usine, d'octobre à mars ou avril. Dès que le coucou chantait, il fallait remonter au crêt. J'aimais bien retrouver ma solitude et mes bêtes.

M. Chavanne me reprenait sans difficulté à l'automne. Les patrons aimaient bien les paysannes. On était soumises, vaillantes, on donnait un travail propre. Les ouvriers se plaignaient un peu. « Elles viennent pour prendre le pain des ouvriers, ces paysannes. » Mais Tracol me défendait. Il disait que j'avais les meilleurs roquets et il me regrettait bien, pendant ces six mois...

Il y avait aussi un ouvrier nommé Chapuis qui m'aimait bien. On disait : « C'est un oiseau de nuit ! » Il disparaissait tous les soirs et on ne savait pas ce qu'il faisait de la nuit. À l'usine, il ne mangeait que des haricots en salade. Je ne l'ai jamais vu avaler autre chose à part, quelquefois, un peu de soupe avec nous. Et il était gras comme une motte de beurre.

Des forains sont passés pour vendre des chemises. Il en a acheté deux. Il s'en est mis une sur le dos et il l'a gardée jusqu'à ce qu'elle soit complètement pourrie. Elle s'était fendue dans le dos et aux épaules ; elle ne tenait plus que par le col. Un jour, il a déboutonné son col et elle est tombée. Alors, il l'a jetée et il a pris l'autre.

Nous avions aussi un pauvre vieux de soixante-dix ans ou un peu plus que le patron gardait par charité. Il faisait ce qu'il pouvait et on lui donnait quelques sous. Et le jour de la paie, il descendait à Pélussin-le-bas pour porter son argent dans un boui-boui tenu par deux sœurs. Ces femmes le cajolaient un peu et lui prenaient ses pauvres sous. Il revenait les poches vides. Le reste du mois, il mangeait son pain et les croûtons des autres. Les filles avaient pitié de lui.

Beauseigne ! Elles lui donnaient un peu de ragoût, des restes, un petit morceau de lard...

Les compagnons le sermonnaient.

– Paret, il faut pas aller là-bas ! Elles se moquent de vous. Elles vous prennent tous vos sous le même soir... Et maintenant, qu'est-ce que vous allez faire ?

Le vieux répondait béatement :

– Vous y allez bien aussi, vous !

– Mais moi, j'y vais pour boire. J'y vais pour passer le temps. Je leur donne pas mon argent.

L'autre approuvait, jurait qu'il ferait attention. Et à la paie suivante, il recommençait tout pareil.

Sur huit hommes qui travaillaient à l'usine Chavanne quand j'y suis rentrée, trois ne sont pas revenus de la guerre et un est mort de la grippe espagnole.

Les patrons habitaient une jolie villa de Pélussin. M. Chavanne venait tous les jours avec sa canne et son chien. Il arrivait vers le milieu de la matinée et il repartait un peu avant midi pour aller prendre son apéritif. Il revenait tout de suite après le repas et il s'en allait vers quatre heures pour sa partie de cartes au café.

Après quatre heures, la dame arrivait. Souvent, elle venait dans ses grandes toilettes, avec des visiteurs. Je la craignais un peu. Elle avait toujours besoin de me dire : « Eh bien, petite, vous êtes contente, ça va bien ? On ne vous fait pas de misères ? » Les compagnons ricanaient et ça me gênait.

L'hiver, cette vallée profonde où se trouvait l'usine se remplissait facilement de neige. Certains ouvriers qui habitaient Pélussin trouvaient le chemin trop mauvais pour remonter et ils restaient coucher. À ce moment, le dortoir était archiplein. Nous, les paysannes, nous occupions le fond, toutes ensemble. Mais moi, j'étais à la limite du groupe des paysannes et des autres. Vers l'intérieur du dortoir, j'avais pour voisine une vieille ivrognesse qui gardait toujours un bol d'ammoniaque pour se redonner du souffle. C'était une rouleuse, un rebut d'usine. Personne ne voulait être à côté d'elle. Alors, l'odeur de l'ammoniaque me faisait suffoquer et m'empêchait de dormir. Pas de chance, parce que, dans ce dortoir-là, mon lit était bien orienté et j'aurais pu avoir un bon sommeil.

On avait les mêmes horaires et à peu près les mêmes salaires qu'à l'usine de campagne. On se levait à cinq heures et on commençait à cinq heures et demie. Il y avait un contremaître et un entreteneur. Comme à la première usine, les moulins tournaient toute la nuit. La différence, c'est que les Raffard prenaient des veilles pour renouer les fils cassés. Chez Chavanne, on ne s'en occupait pas ; on laissait tourner et, bien sûr, les fils cassés ne montaient pas. Au matin, il arrivait que tous les fils soient cassés : les machines tournaient pour rien. Alors, tout le monde allait aux moulins un moment pour les faire repartir.

Le contremaître et l'entreteneur étaient chargés d'organiser la vie de l'usine et de surveiller la tenue du personnel. Il ne fallait pas que les filles galopent.

À neuf heures du soir, on nous enfermait. Un jour, j'étais sortie avec une copine de l'usine à côté. Il y avait le conseil de révision et nous étions allées voir les conscrits. Et moi, je suis rentrée à neuf heures cinq, d'un air triomphant, avec une cocarde au corsage. Le contremaître m'attendait devant la porte. Il m'a passé une belle semonce. Il m'a dit que la prochaine fois, il me laisserait dehors et que je pourrais aller demander à Mme Chavanne de me coucher dans son salon ! Je commençais à me sentir un peu recluse...

Il était quand même bien gentil, ce contremaître. Il recevait le journal tous les jours. Sa femme et lui mangeaient avec nous. Elle ne lisait jamais ; lui ne lisait pas en mangeant ; alors, il me prêtait son journal pendant le temps du repas. Moi, je ressentais le besoin de lire. Il y avait longtemps que j'avais quitté l'école et j'aurais voulu renouer avec l'instruction ; mais ce n'était pas possible. Je regardais donc le journal. C'était la *Tribune de Saint-Étienne*. Là, j'ai commencé à m'intéresser au Tour de France. Et puis je suivais les grands événements aux colonies et dans le monde. Le ministre des Colonies est venu à Pélussin en 1913. Alors, on en parlait.

Seulement, quand j'avais lu le journal, les autres avaient fini de manger et on me regardait de travers. « Elle est folle, avec son journal ! »

Et puis j'avais découvert une petite revue illustrée qui s'appelait *Fillette*. Toutes les semaines, je descendais l'acheter à Pélussin-le-bas, dans une petite imprimerie où l'on faisait surtout des faire-part mortuaires et quelques affiches. On y trouvait aussi deux ou trois journaux et on pouvait commander des livres. *Fillette* me coûtait trente-cinq centimes. C'était cher. Le journal valait cinq centimes : ça représentait le journal tous les jours. Ma mère me donnait deux francs par semaine pour ma nourriture. Si elle avait su...

Dans *Fillette,* je trouvais une ou deux histoires, des recettes, des modèles, des jeux, des tas de petites choses. J'aimais assez les histoires de Bécassine : *Bécassine part en voyage, Bécassine fait la lessive...* Mais quand j'arrivais avec ça à l'usine, on me l'arrachait aussitôt. La voisine qui m'avait amenée chez Chavanne et qui avait presque dix ans de plus que moi me le prenait le premier jour. C'était fichu pour moi ce jour-là. Je le récupérais le lendemain soir et, aussitôt, arrivait un compagnon qui le voulait... Après, je le cherchais partout, mon journal. Il était ici, il était là, dans la chambre du contremaître, dans le dortoir des hommes... Et ainsi de suite. Le moment venu d'aller acheter le suivant, je n'avais pas encore pu le lire !

En allant chercher de l'eau, j'avais tout de même fait connaissance avec un brave garçon de quinze ans qui n'était guère mieux loti que moi. Il servait les maçons ; c'était un travail dur, surtout l'hiver. Nous échangions quelques mots. Un jour, il me dit :

– Mais tu es de la campagne, toi ? Qu'est-ce que tu fous à l'usine ?

– J'ai perdu mon père. Alors, je suis à l'usine pour gagner les gages du domestique. Voilà !

– Oh ! et moi qui n'ai pas de mère, c'est bien pire. *Sacré pas de chance !*

Après, chaque fois qu'on se rencontrait, il me saluait comme ça : « Ah ! te voilà, sacré pas de chance ! »

L'hiver était mauvais dans la montagne. Le soir, quand on rentrait au dortoir, on trouvait souvent nos lits un peu froids. Moi, je ne pouvais pas me réchauffer ; surtout le dimanche soir, parce qu'on revenait de chez nous et qu'on rentrait plus tard. On n'avait pas de lainages. Ce n'était pas la mode ; on ne connaissait pas ça. Moi, j'avais seulement un petit gilet de coton sur la peau. Alors, quand j'avais trop froid aux pieds, j'enlevais mon gilet pour envelopper mes pieds. Et quand j'étais réchauffée, je reprenais mon gilet. Et puis, bien sûr, nous mettions nos vêtements sur le lit, par-dessus nos deux couvertures.

On ne se plaignait pas ; on ne réclamait jamais. Maintenant, quand j'y pense, je me dis que si nous avions demandé une couverture de plus à nos patrons, ils auraient été trop heureux de nous la donner ; mais ils n'y pensaient pas et nous non plus. C'était comme ça ; c'était l'époque. On prenait les choses comme elles venaient. On ne pensait même pas que ç'aurait pu être mieux.

Je n'étais pas malheureuse, mais il me manquait quelque chose. À ce moment, ma mère s'était remariée ; elle n'avait pas le temps de s'occuper de moi.

Mon chien, mon brave chien, m'attendait le

samedi à la descente du tacot. Je n'ai jamais pu savoir s'il connaissait le jour de mon retour ou s'il venait me guetter tous les soirs. Et j'avais aussi un chat qui ne mettait pas les pieds à la cuisine de toute la semaine. Et puis le samedi soir, il venait s'installer derrière moi, sur le dossier de ma chaise. Dans la semaine, les chiens le chassaient toujours ; mais, quand j'étais là, il revenait parce qu'il savait que je le protégeais.

Heureusement que j'avais ces deux pauvres bêtes pour me donner un peu d'affection.

Mon grand-père est mort d'un arrêt du cœur à soixante-quinze ans, la même année que mon père. C'était en 1909.

Au partage, mon parrain, l'oncle Étienne, a eu les vaches, les chèvres et les moutons et la petite propriété au pied de Chirat-Renard. Ça ne valait pas cher. Il fallait une éternité pour monter là-haut. Quand ils sont morts de la grippe espagnole, ma tante et lui, on a eu bien de la peine à les descendre.

Ma mère a reçu une certaine somme ; elle avait déjà eu un peu d'argent pour payer la propriété de Bourchany. Jean-Toine a eu le commerce et le cheval. Plus tard, la grand-mère lui a donné la maison qu'elle avait achetée à Pélussin. Il a trouvé à se marier. D'abord, il avait failli épouser une paysanne des environs, mais la grand-mère s'y était opposée en disant : « Non, c'est une mauvaise famille. La tante de cette fille a volé le foin du cheval ! » Oh ! quel drame ! Le foin du cheval... Voilà ce qui s'était passé, en réalité.

À cette époque, tous les restaurants et cafés importants possédaient une écurie. En général, on embauchait un jeune homme comme garçon d'écurie les jours de foire et de marché. Le garçon aidait à dételer les bêtes, chevaux, vaches, bœufs, et à les réatteler. Dans l'intervalle, il leur donnait un peu de foin si les propriétaires en avaient laissé. Ça coûtait un franc d'attache et une petite pièce pour le garçon.

Quand il n'y avait pas de garçon, les propriétaires s'occupaient eux-mêmes de leurs bêtes. On donnait à manger aux chevaux pour qu'ils se tiennent tranquilles. Mais quand un cheval mangeait et que son voisin n'avait rien, c'était infernal. Hennissements furieux, coups de dents et coups de pied mettaient l'écurie en ébullition. Les garçons le savaient bien. Ils s'arrangeaient pour avoir une botte de foin pour en donner une poignée à ceux qui s'agitaient devant leur râtelier vide. Ou bien, ils en prenaient une poignée dans une mangeoire bien garnie et la mettaient discrètement dans celle du voisin malheureux. Tout ça pour avoir la paix.

En l'absence du garçon, les propriétaires faisaient de même. Le Mousse avait toujours une bonne provision de foin et quand les grands-parents s'arrêtaient au restaurant, son râtelier était plein. Un jour, par le plus grand des hasards, la paysanne en question avait attaché son cheval à côté de celui des grands-parents, à l'écurie d'un restaurant où ils s'étaient croisés. Le Mousse mangeait. L'autre cheval faisait la vie parce qu'il n'avait rien. Par négligence ou par ignorance, la paysanne n'avait pas apporté de foin. Il y avait des animaux qui étaient toujours mal nourris. Elle aurait pu aller acheter une botte ; presque tous les restaurant en vendaient. Elle avait trouvé plus simple... et plus économique de prendre une poignée de foin ou deux dans la mangeoire du Mousse et de les donner au sien pour le calmer.

Quelqu'un avait surpris le geste et l'avait rapporté aux grands-parents. Ma grand-mère n'aurait jamais admis dans sa parenté une personne ayant commis un tel délit.

Je me souviens que lors des réquisitions, en 14, le foin était payé quinze francs les cent kilos. La paysanne n'avait sûrement pas pris plus d'un kilo de foin dans la ration du Mousse. Le montant du vol ne dépassait pas trois sous...

Mais ces trois sous ont fait manquer le mariage de Jean-Toine !

Ma grand-mère est tombée malade, et j'ai dû la remplacer quelque temps. J'avais entre quinze et seize ans. Je devais demander un congé à l'usine pour le vendredi, le jour du gros chargement. Le cheval était le Mousse. Après, il y a eu la Nénette, une brave jument qu'on nous a prise à la déclaration de guerre.

On partait à quatre heures du matin. Le Mousse était vieux, la pauvre bête ; il avait les jambes raides. Il montait à petits pas jusqu'au col de La Croix-de-Montvieux. Là, on s'arrêtait à un café. Il y en avait un de chaque côté de la route. C'étaient des clients tous les deux et on allait tantôt chez l'un tantôt chez l'autre. Mon oncle buvait un rhum et je prenais un café.

Dans la descente sur La Terrasse, le Mousse trottinait. On servait quelques clientes. On arrivait à Saint-Paul-en-Jarez vers sept heures. Le Mousse mangeait un peu d'avoine et nous une soupe et un morceau de fromage. On repartait à droite et on visitait les fabriques en faisant la chine. C'étaient des usines de soierie, une fabrique de coton et une autre de crayons. Ma grand-mère faisait à l'occasion le commerce du coton à tricoter qu'on lui cédait au poids, trois francs le kilo, je crois. Elle le revendait aux paysannes qui apportaient leur companage : elles avaient toutes au moins un dessus-de-lit et un dessus d'oreiller. On tricotait beaucoup le coton, à cette époque.

Autour de ces usines, il fleurissait tout plein de petits caboulots qui donnaient à manger aux ouvriers : une soupe, une omelette, un morceau de fromage... Quelques-uns se fournissaient chez les grands-parents. On ressortait à Lorette, où mon grand-père avait loué une remise pour mettre le Mousse à l'abri. On y rentrait aussi le chargement les jours de pluie. Quand il faisait beau, on était plus à l'aise pour vendre sur la place.

À la sortie de l'école, les enfants nous assiégeaient pour essayer de grappiller un fruit ou une miette de fromage. Mon oncle faisait claquer son fouet pour les chasser, en criant : « Graine de bois de lit, nom de Dieu ! »

Après le coup de midi, on rattelait le Mousse. On reprenait la rue en direction de Rive-de-Gier. En passant devant un café où on nous achetait du beurre, mon oncle buvait un verre de vin, moi une limonade ou un café s'il faisait froid. À cette heure-là, j'aurais mangé une sorbe verte ! Alors, mon oncle faisait la tournée des commandes avec son panier. Il servait les restaurants qui prenaient toujours la même quantité, la cure qui hébergeait quatre prêtres, une servante et un jardinier. Une fois par semaine, il allait jusqu'à Rive-de-Gier où on servait une importante maréchalerie, avec plusieurs commis. Le patron était un affreux bonhomme qui avait un ventre comme un tonneau. Et, après le repas, il tapait sur cette panse rebondie en disant : « J'ai bien déjeuné. Que le bon Dieu donne l'appétit à ceux qui n'ont rien ! » Mes grands-parents avaient mangé chez ces gens, avant la mort du grand-père. Ma grand-mère avait été épouvantée.

La maréchale était aussi grosse que son mari ; mais elle était moins égoïste et peut-être aussi un peu superstitieuse. Chaque fois que son bonhomme blasphémait, elle se signait en disant à voix basse : « Dieu le pardonne ! » Et elle portait dès que possible quelques sous à la cure pour empêcher le malheur de retomber sur sa maison. C'est d'ailleurs à la cure qu'elle avait rencontré ma grand-mère et qu'elle lui avait raconté tous ses malheurs. C'était pourtant une forte femme qui ne craignait pas les chevaux méchants et tenait le pied d'une bête mieux qu'un compagnon.

Pendant ce temps, je suivais la rue principale avec le Mousse et le char à bancs, et je servais les clientes qui se présentaient. Quand j'avais fini, j'attendais dans la rue en laissant le cheval « tourné le valin », c'est-à-dire vers la pente, car ça descendait tout le temps jusqu'à Rive-de-Gier. Si je l'avais remis dans le sens du retour, je n'aurais pas pu le tenir : il aurait pris tout seul la route de Pélussin !

Et puis, mon oncle revenait sans se presser. On mettait le Mousse à la remise et on lui donnait son avoine. Il était quatre heures de l'après-midi quand on allait au restaurant. On était debout depuis douze heures ! Les gens du restaurant avaient l'habitude ; mais ils ne pensaient pas toujours à nous faire réchauffer la soupe au lard. On mangeait aussi un morceau de jambon grillé et une rigotte qu'on venait de vendre ! Tout ça arrosé d'un « pot » de rouge, la bouteille régionale de quarante centilitres, dont mon oncle buvait plus des trois quarts.

Après ça, on reprenait la côte.

À partir de La Terrasse-sur-Dorlay, la montée devenait raide. Le pauvre Mousse avançait à petits pas. Il commençait à se faire tard et mon oncle en profitait pour dormir. Tout à coup, le cheval s'arrêtait : il dormait aussi, tout debout. Je le réveillais en lui tapant sur les fesses avec les rênes. Un jour, je suis descendue pour lui parler et l'encourager un peu. J'ai marché un moment près de lui. Et puis une bête a traversé la route ras les pieds du cheval. Je n'ai pas pu voir exactement ce que c'était car il faisait nuit noire. Ça m'a paru gros : sans doute un blaireau. Le cheval s'est cabré et il a poussé un hennissement qui a réveillé mon oncle. Je suis remontée en vitesse sur le char à bancs. J'avais eu très peur.

D'ordinaire, je réveillais mon oncle à La Croix-de-Montvieux et il reprenait les rênes. On rentrait à Virieu en trottinant. On avait fait une journée de vingt heures. L'autre jour de vente, le mardi, était un peu moins chargé ; on gagnait deux heures le soir. Quand le Mousse était plus jeune, mes grands-parents gagnaient aussi une heure sur la route... s'ils n'en perdaient pas trois à cause du verglas, de la neige ou de la tempête.

Les achats se faisaient le lundi au marché de Pélussin et le jeudi au marché de Maclas. Les après-midi étaient consacrés à la préparation de la marchandise. Le beurre, qu'il fallait peser, parer, saler et marquer, donnait beaucoup de travail à ma grand-mère. Sur les plaques d'une demi-livre ou d'une livre vendues telles quelles ou à peine arrangées, elle laissait la marque faite par les paysans avec la pointe d'un couteau, une fourchette ou un morceau de bois. Sur les mottes de beurre salé qu'elle préparait pour des commandes, elle imprimait sa propre marque avec un rouleau sculpté par Jean-Toine : *Bon Beurre – Du mont Pilat...* et une vache au milieu.

Quand j'apportais ma paie de l'usine, ma mère la mettait directement dans le porte-monnaie de mon beau-père. Jamais on ne me disait un petit merci. Jamais on ne me donnait un encouragement. Rien : les choses devaient être comme ça. Ah, si, tout de même... On travaillait quelquefois la nuit pour rattraper un retard. La nuit, on ne faisait que huit heures et on était payées comme si on avait fait dix heures. Mais on reprenait au jour. On ne dormait pas. Alors, ma mère me laissait ces deux francs supplémentaires...

À un moment, je m'étais mise à récupérer les restes de pain, les croûtons que les ouvriers jetaient dans la caisse à charbon. Je mettais ce pain dans mon panier pour l'emporter à la maison. J'avais remarqué que mes chiens ne mangeaient pas trop à leur faim, beauseigne ! Le samedi, souvent, j'en avais un plein panier. Un jour, une femme de la ville que j'aimais bien avait presque la moitié d'un pain d'un kilo. Elle le regardait d'un air hésitant ; et je suis passée avec mon panier. Alors, elle me dit :

– Je ne sais pas si je l'emporte. Demain, c'est dimanche. On ira en chercher du frais... Tiens, prends-le !

J'étais très contente. J'arrive chez moi avec tout ce pain. J'en avais déjà emporté plusieurs fois. Mes chiens me faisaient fête... Au moment de souper, je pense à ma provision, je vais chercher mon panier en me disant : « Je vais manger ce pain frais, il sera bien meilleur que le pain noir de la maison ! » Ma mère n'a pas pu s'empêcher de crier très fort :

– C'est pas le tien, au moins ?

Les pauvres parents avaient tellement peur qu'on gaspille le pain. C'était une obsession pour eux. J'avais eu beaucoup de peine à obtenir la permission d'acheter du pain en ville au lieu d'emporter le nôtre. Mon beau-père s'en est mêlé :

– Qu'est-ce que c'est que ce pain ?

– C'est des restes. Les ouvriers le jettent dans la caisse à charbon ou à la rivière.

– Ah ! bon Dieu ! c'est pas possible. Ils l'ont bien payé, ce pain ? Alors, ils le jettent pas, tout de même !

– Eh bien, j'ai dit, si ! ils le jettent. Vous le saviez bien que les ouvriers gaspillent le pain. Je l'ai entendu dire au père quand j'étais toute petite !

Mais je voyais bien qu'ils ne me croyaient pas. Et ils me faisaient la tête. Ma voisine m'avait dit : « Ah ! tu emportes du pain. Tu n'en emporteras pas longtemps ! » Ça se passait sûrement de la même façon chez elle. Et chaque fois, c'était pareil. Ma mère ne voulait plus me laisser mes deux francs. « Pour te faire gaspiller ton pain... » Alors, j'ai arrêté de ramasser les croûtons et de les apporter à la maison. Quand je voyais un joli morceau encore frais, je le prenais quand même pour mes chiens et je le leur donnais à la descente du train ou avant d'arriver à la maison.

Le mien, je l'achetais chez « Jean la Miche ». Oui, notre boulanger s'appelait Jean la Miche... À l'époque, il y avait un Jean la Miche dans presque tous les villages de France. Alors, ce n'était pas bien original. C'était une vieille femme, la mère Barbier, qui servait là. Elle détaillait le pain toute la journée. Un sou le morceau pour le goûter des enfants... Deux sous une demi-livre pour les personnes seules, les vieux, les pauvres... Quatre sous une livre pour le repas d'un ménage... Et sept sous le pain d'un kilo.

Je le prenais « à la coche » comme beaucoup de gens. Toutes les coches étaient suspendues derrière le comptoir. Il y en avait parfois beaucoup... autant que de clients achetant à crédit. Chez certains boulangers et pour certains clients, on tenait deux coches ; l'une à la boulangerie et l'autre que le client gardait. On marquait les deux, bien sûr, ce qui permettait un contrôle.

À la fin du mois, tous les ouvriers prenaient leur pain à la coche, en attendant la paie. Quand ils venaient payer, on raclait toutes les petites entailles qu'on avait faites et le morceau de bois était prêt pour une nouvelle série.

Quand ma grand-mère parlait de gens riches, elle disait toujours : « Ah, ceux-là ils sont à l'aise ! Ils n'achètent pas le pain à la coche ! »

Une année, mon beau-père a décidé qu'on pouvait se passer de moi à la maison et je suis restée à l'usine tout l'été. Je me suis ennuyée affreusement. Je pensais tout le temps à mes crêts. Comme j'aurais aimé être là-haut avec mon troupeau !

La plupart des autres passaient quinze jours ou un mois chez elles. Une seule était restée avec moi. Toutes les deux, nous nous levions à quatre heures du matin. Nous allions nous asseoir sur un rocher, au-dessus de l'usine ; nous regardions le soleil se lever. Et puis nous aimions voir ceux de Pélussin arriver les uns après les autres. Les hommes avaient les mains dans les poches ; les ménages apportaient leur repas dans un filet que tenait la femme ; et, parfois, l'homme portait le pain à la main.

Des groupes se formaient à la route, puis tout le monde se rejoignait dans le chemin et entrait joyeusement à l'usine.

À midi, j'allais m'asseoir au bord de la rivière. C'était un endroit ombragé et frais. Il y avait une énorme pierre au milieu de la rivière et, au-dessous, ça faisait un gouffre où les truites se pressaient. Je leur jetais des morceaux de pain. Elles adoraient ça. En général, elles avaient à peu près la taille des sardines. Dès que le contremaître en voyait une grosse, il la tuait d'un coup de fusil... En donnant le pain aux poissons, je pensais à mes chiens qui devaient se sentir bien seuls.

Moi aussi, j'étais seule.

De l'autre côté de l'usine, plus haut, un petit ruisseau sans nom qui venait d'Éparvier alimentait la serve. La serve était une grande écluse murée, au bout de laquelle se trouvait la grande roue à godets qui faisait tourner certaines machines. Le long de l'écluse, notre patronne avait fait planter une rangée de magnifiques rosiers qui se miraient dans l'eau. C'était un endroit merveilleux et triste en même temps. J'admirais les rosiers et je pensais que j'aurais pu me jeter la tête la première dans la serve : ça m'aurait bien évité de porter ma paie dans le portefeuille de l'homme qui avait pris la place de mon père. Un homme qui ne me remerciait jamais, ne me donnait jamais un sourire ni un encouragement... Ce n'était pas un méchant bougre ; il n'avait jamais eu de famille et il n'en savait pas davantage.

Je restais là et je réfléchissais. Je me disais que si je ne me noyais pas tout de suite en me jetant dans cette eau, je risquais de passer par la vanne et de m'assommer contre les godets de la roue... J'aurais quand même voulu une mort plus douce !

Et puis l'heure de rentrer sonnait. J'abandonnais mes rosiers et mes pensées et je retournais nouer des fils.

Cet été-là, il y a eu beaucoup d'orages. Là, au fond de cette vallée, ils étaient plus impressionnants que chez moi. Nous avions d'immenses fenêtres en verre martelé, de chaque côté de l'usine. Les éclairs semblaient traverser l'usine. On eût dit que tout était en feu. Une seconde après, tout était noir. Quelques filles s'affolaient. Elles étaient prises de panique ; elles quittaient leur travail et couraient n'importe où. Les paysannes ne criaient pas, mais elles devenaient pâles. Et tout le monde avait un peu peur.

Le patron arpentait l'usine pour nous rassurer. « Nous ne craignons rien, les enfants. Nous avons des paratonnerres partout ! » On savait qu'il y avait un paratonnerre au clocher ; mais on n'y croyait pas bien. Heureusement, M. Chavanne avait l'air si tranquille, si sûr de lui que le calme revenait vite. Et comme la foudre n'est jamais tombée sur l'usine, on a fini par se dire que ces paratonnerres remplissaient leur office.

À peu près vers la même époque, il y a eu un terrible accident dans une petite usine à côté de chez nous. Deux ou trois filles travaillaient là, dont la fille aînée des patrons. Elle faisait peut-être moins attention qu'une autre. Elle était en train de se peigner à l'usine. Elle avait défait sa coiffure à sa place. Elle s'est fait happer les cheveux par une courroie : ça lui a arraché une partie du cuir chevelu. Elle n'a jamais guéri. Elle portait un bonnet et plus tard une perruque. Elle gardait une grande traînée rouge sur le front. Tout le monde en a eu froid dans le dos. On s'est mis à faire très attention. Mais je n'ai jamais vu d'accident chez Chavanne. Par contre, la patronne buvait de l'éther ; elle en avait donné le goût au contremaître. Elle lui en procurait. C'était la fille d'un pharmacien. Elle portait riche, mais elle était bien gentille. Seulement, ça sentait un peu la clinique, chez nous. Et le contremaître, quelquefois, il était comme fou.

L'industrie de la soie à Pélussin, ça datait de vieux ; de 1600 ou 1700. Au siècle dernier – les anciens s'en souvenaient à peine – il y avait eu une petite usine à Éparvier, à l'emplacement de la grange des parents de Joseph. Ça appartenait à une dame qui portait le nom du village : Annette Éparvier. Il n'y avait pas de chute d'eau pour faire tourner les machines. Et pas d'électricité non plus, bien sûr ! On se servait d'une « cage d'écureuil » : c'était un homme qui tournait à l'intérieur pour actionner le mécanisme. De notre temps, il ne restait de cette usine qu'un énorme poids en pierre qu'on ne déplaçait même pas, tellement il était lourd. On ne savait plus à quoi il avait servi. Les grands-parents de Joseph l'avaient oublié.

Lui, le grand-père, avait élevé du ver à soie à Éparvier, dans une chambre qui existait encore de notre temps. Un de ses fils partait avec le cheval sur la route de Chavanay pour aller ramasser des feuilles de mûrier. La route qui longeait le Rhône était encore plantée de mûriers qui appartenaient à tout le monde. Il faisait donc dix ou douze kilomètres tous les matins pour aller chercher des feuilles fraîches pour les « magnis » ou magnans, les vers à soie.

Puis les élevages avaient disparu. Il n'existait plus de laveries de cocons dans la région depuis bien longtemps.

Quelques années avant que je rentre à l'usine, les patrons avaient fait venir des étrangères, des Arméniennes, je crois : ça devait donner une main-d'œuvre presque pour rien et ça serait fini de chercher des filles à la campagne. M. Chavanne s'en était octroyé pas mal. Il y avait des jeunes et des moins jeunes. Les jeunes n'ont pas voulu apprendre le travail et les moins jeunes n'ont pas pu.

Quelques-unes se moquaient de leurs monitrices.

– Voilà, tu fais comme ça...

– Oui. Je fais comme ça... comme ça... C'est pas difficile, mais moi je ne veux pas le faire !

Elles avaient pris possession du dortoir, de la cuisine, de toute l'usine. Le personnel du pays avait été obligé de déménager. Il ne restait presque personne. Elles réclamaient de la nourriture au patron : ça allait mal. Enfin, ça n'a pas marché ; on a dû les réexpédier chez elles... ou ailleurs, je ne sais pas. Il a fallu supplier les filles de la campagne de revenir. Et les patrons ont recommencé à se prendre les ouvrières les uns aux autres.

J'avais une copine chez Revollon, le maire. Elle voulait m'y faire rentrer ; et Mme Revollon la poussait un peu. Moi, ça m'aurait assez plu. C'était gai, enfin plus gai que chez Chavanne. Il y avait beaucoup de jeunesse. C'était une grande usine. Mais, finalement, mon beau-père n'a pas voulu que je change de patron.

Les ouvriers qui devaient payer un loyer et entretenir des enfants vivaient surtout de pommes de terre. Ils achetaient un sac de pommes de terre à la campagne et il leur fallait toute l'année pour le payer. Les plus riches ou les plus malins arrivaient à se procurer une demie de vin et un cochon : ils payaient tant par mois... quand ils pouvaient. Ils achetaient le pain à la coche, ce qui ne les empêchait pas de le jeter dans la caisse à charbon. Presque tous les ménages étaient couverts de dettes. Les hommes auraient bien voulu faire une partie de boules le dimanche et s'offrir l'apéritif ; mais, en général, il ne leur restait pas un sou pour les loisirs. La tentation était forte de piquer quelques onces de soie...

Les patrons étaient presque aussi pauvres que les ouvriers. Ils avaient beaucoup de peine à s'agrandir et même à payer leur usine. M. Chavanne avait fini de payer la sienne ; mais sa femme était la fille d'un pharmacien : elle avait eu une belle dot.

Ils nous payaient la soupe et ils mangeaient la même. Ils n'étaient pas fiers ; ils n'étaient pas opulents. Ils vivaient presque avec les ouvriers. Ils trouvaient toujours le moyen de faire passer un peu de charbon ou un peu de pain aux plus minables. Je n'ai jamais vu de compagnons qui soient vraiment montés contre le patron. Le patron parlait à tout le monde et touchait la main du dernier des ouvriers.

Il n'y avait pas de haine.

Je me souviens d'une chanson que nous chantions

la dernière année, au moment où le gouvernement a créé les retraites ouvrières :

Nous aurons les retraites ouvrières,
À cinq sous par jour,
C'est bien notre tour !
Avec ça, on n'crèvera pas de misère,
Nous vivrons rentiers,
Aussi heureux que nos députés !

L'épicerie et la guerre

Mon grand-père est mort à la fin de l'année 1909. Ma grand-mère et ses fils ont abandonné la ferme du bois de La Celle, où j'avais passé une partie de mon enfance. Un de mes oncles a pris la succession du grand-père pour le commerce et ils ont décidé d'aller vivre à Pélussin.

Ma grand-mère a acheté une belle maison à Virieu, avec un grand jardin et un magasin. C'était une épicerie que tenait une veuve. Bientôt, cette femme a trouvé à se remarier et elle a quitté le magasin. Ma grand-mère et mes oncles se tâtaient pour savoir s'ils allaient prendre quelqu'un. Pour aller dans la chambre du magasin, il fallait passer par le couloir qui desservait les autres pièces. C'était un peu gênant.

Moi, j'avais dix-huit ans et je m'ennuyais à l'usine. J'ai proposé de prendre l'épicerie ; ma grand-mère a accepté et mon oncle m'a fait une petite avance pour débuter. On n'avait pas trop fixé les conditions. C'était au début de 14. Je me suis bientôt aperçue que je n'avais peut-être pas gagné au change.

Je continuais de me lever à cinq heures par habitude. Je descendais au magasin : c'était très sombre et il n'y avait aucun chauffage. J'étais gelée et je m'ennuyais encore plus qu'à l'usine. J'ai maigri de plusieurs kilos. J'étais devenue sèche comme un bout de bois. J'aurais donné cher pour repartir nouer mes fils !

Je balayais, je mettais de l'ordre dans mes provisions. Je les arrangeais d'une façon et puis d'une autre. Et j'attendais les clients. J'avais perdu en partie ceux de la veuve qui était là avant moi. Ils ne me connaissaient pas ; ils hésitaient. Certains étaient allés ailleurs et ne reviendraient pas. Quelques nouveaux sont venus, pour voir.

Je vendais à peu près tout ce qu'on vend dans une épicerie de campagne. Du moins à l'époque. Il y avait du sucre, du café, des pâtes, de l'huile, du vin, des gâteaux, des bonbons... toute l'alimentation ordinaire. Un voisin sabotier me fournissait des quantités de sabots qui étaient bien appréciés des paysans. Je vendais quelques pantoufles, des gilets de peau, de la rouannerie, des chemises de femme. Et aussi de la droguerie... C'était un bric-à-brac formidable et, au début, je m'y perdais. Presque tous les produits alimentaires étaient en vrac. On pesait la quantité demandée par la cliente et on l'enveloppait dans un papier d'emballage. Il avait fallu apprendre à faire ces paquets.

On détaillait beaucoup plus qu'aujourd'hui. Par exemple, des femmes prenaient quatre sous de café tous les jours. De café moulu, bien sûr. J'achetais le café vert, trois catégories, Saint-Marc, Porto et Moka, que l'on mélangeait en portions égales et qu'on grillait dans un engin spécial, chauffé au charbon de bois. On tournait une boule où le café brûlait... à la main, bien entendu. Après, on l'écrasait dans un gros moulin fixé au mur. Il était délicieux.

Pour le sucre, on avait des boîtes d'un kilo, mais on n'en vendait pas beaucoup. On nous demandait surtout des livres et des demi-livres qu'on pliait dans ce papier gris-jaune, très dur. J'avais appris à faire mes petits paquets ; mais un représentant qui m'observait m'a fait remarquer que je mettais trop bon poids et que j'utilisais trop d'emballage. « Quand vous vendez une demi-livre de sucre, le papier vous coûte plus que vous ne gagnez. Vous allez vous couler ! »

J'ai eu très peur. Mais les clientes utilisaient ce papier d'emballage ; il resservait peut-être dix fois. Alors, elles n'en avaient jamais assez. Je ne savais comment m'y prendre pour en utiliser moins.

Et au moment des repas, elles venaient chercher deux sous de moutarde ou deux sous de cornichons. Souvent même au milieu du repas. J'avais une boîte de moutarde en poudre et un grand pot de moutarde en crème. On la mesurait avec une cuiller qui correspondait à dix ou vingt grammes.

Le soir, mon dernier client était le vieux sabotier d'à côté qui venait chercher quatre sous de café : ça représentait trente grammes environ. En principe, il arrivait à huit heures. Mais il était souvent en retard. Alors, j'avais été obligée de me fâcher, parce qu'on nous avait forcés à fermer les magasins à huit heures précises. Finalement, je l'ai perdu. Il était bien gentil, mais je ne l'ai pas trop regretté parce qu'il me faisait brûler une heure de lumière pour quatre sous de café !

Nous avions aussi trois sortes d'huiles : huile d'arachide, huile d'olive et huile de chou. On les gardait en bonbonnes de différentes grosseurs. Les plus grandes contenaient trente litres et elles étaient difficiles à manipuler. Et si un accident arrivait, c'était une catastrophe. Je prenais de préférence des petites : dix ou quinze litres. Les gens venaient avec leur bouteille, le plus souvent un demi-litre. Mes huiles avaient bonne réputation et j'en vendais beaucoup.

L'hiver, naturellement, mes bonbonnes se figeaient ; je devais les porter près de la cuisinière de ma grand-mère. Malgré tout, l'huile était difficile à tirer. Quelquefois, il fallait renoncer et dire aux clients de revenir quand ça se serait réchauffé.

Je vendais le vin à emporter, au litre : ça, ça débitait. J'avais dû changer de fournisseur. J'avais trouvé un marchand de vin du pays qui me livrait du vin du Gard, à la barrique. Il était excellent et, à une époque, je faisais une barrique par jour : ça représentait pas mal de courbettes devant le robinet ! Le marchand n'en avait pas assez pour moi. « Petite, je peux pas vous fournir une barrique par jour ! Dites à vos clients de mettre un peu d'eau dedans ! »

Même l'employé de la régie qui établissait les laissez-passer commençait à s'inquiéter. Il est venu voir ce que je pouvais bien faire de tant de vin. Il a vu ! Je remplissais des bouteilles toute la journée. Le soir, j'avais affreusement mal aux reins et la tête me tournait...

Je détaillais aussi le Pernod. Quelle affaire ! Mes anciens copains d'usine qui étaient toujours sans le sou avaient su me retrouver. Et toutes sortes de gens qui en consommaient plus qu'ils ne pouvaient en payer... Alors, on m'envoyait un gosse demander quatre ou cinq doses de Pernod. « Vite, pour l'apéritif ! » Le gosse n'avait jamais d'argent. « Mon papa paiera... Ma maman paiera... » Mais je ne voyais jamais personne. Pour les chaussures, c'était pareil. On m'envoyait les petits. « Ma maman voudrait une paire de pantoufles pointure 38. Juste pour essayer ! »

Je ne revoyais jamais les pantoufles : ça prouvait qu'elles allaient bien. Seulement, on oubliait de les payer. Un représentant m'a dit :

– Mais voyons, c'est l'enfance de l'art. Pour essayer, vous ne donnez qu'une seule chaussure. Vous êtes bien naïve !

– Oh ! oui, monsieur. Je ne suis qu'une paysanne.

Le pauvre homme se lamentait.

– Mon Dieu ! mon Dieu ! Vous allez manger votre chemise !

Pour les pantoufles, j'ai appliqué la recette ; mais ça ne s'est pas passé facilement. Les mères sont venues en hurlant. Il y en a une qui avait commencé à m'attraper les cheveux... Et après, je ne les ai pas revues. Elles ont dû trouver une autre commerçante encore plus naïve que moi. Ce n'était pas une grosse perte.

Mais je me souviens de ma toute première cliente. Oh ! j'avais fait un bien mauvais début. Elle voulait de l'esprit de vinaigre. J'étais complètement affolée. Pourquoi ne me demandait-elle pas du sucre, du café ou de l'huile ? Non, non. De l'esprit de vinaigre... Je courais dans tout le magasin sans bien savoir ce que je cherchais. J'avais dans l'idée que l'*esprit* était quelque chose de pas bien gros. Je ne trouvais rien qui corresponde à cet esprit de vinaigre. Je me disais : « C'est sûrement pour mettre en salade... » Je montrais à ma cliente tout ce qui pouvait se salader. Les câpres, les anchois... « Mais non, c'est un liquide ! » J'ai dû avouer que je n'en avais pas. Elle insistait, jurait qu'elle l'avait toujours pris chez la veuve.

Plus tard, un représentant m'a expliqué que c'était l'acide acétique. Il y avait des gens qui trouvaient le vinaigre trop doux ; ils faisaient leur salade avec l'acide acétique pur. Après, ils étaient tout étonnés d'avoir des maux d'estomac.

Par contre, je n'ai jamais eu d'ennuis avec un autre esprit, beaucoup plus connu : l'esprit de bois. C'était l'alcool à brûler. On en vendait couramment.

Je vendais du pétrole lampant qu'on appelait Saxoléine, au détail pour les gens de la ville et en bidons de cinq litres pour les paysans. Et puis on a commencé à me demander de l'essence pour les voitures. L'essence se vendait en bidons de cinq litres et je recevais une caisse de dix bidons. Pour ça, M. Chavanne, mon ancien patron, était devenu mon principal client.

Une fois, un monsieur en voiture s'est arrêté et m'a demandé un bidon. Il avait une belle voiture et il faisait riche. Je l'ai aidé à mettre l'essence dans le réservoir, avec mon entonnoir et mon filtre. Je lui ai donné un chiffon pour s'essuyer les mains. C'était un monsieur... Au moment de monter dans sa voiture, il m'a versé dans la paume une grosse poignée de monnaie. Je n'ai pas compté tout de suite. Je n'aurais pas osé compter l'argent d'un monsieur devant lui. Il est parti et j'ai regardé cette monnaie. Il y avait un peu de tout : des pièces d'un sou, de deux sous, des centimes... J'ai fait le total : il manquait cinq sous sur le prix de mon bidon. Le monsieur s'était trompé. J'en ai parlé à mon oncle qui s'est mis à rire. « Il ne s'est pas trompé. Il l'a fait exprès. Il t'a volée ! »

Moi, je n'aurais jamais cru qu'un monsieur pouvait voler, surtout une pauvre épicière. J'avais peine à croire ce que disait mon oncle. Mais je me rappelais que le monsieur avait l'air bien content en montant dans sa voiture. Je crois même qu'il riait. Il se moquait un peu de moi, mais ça ne m'étonnait pas trop. Eh bien, il était content de m'avoir volée, ce beau monsieur avec sa belle voiture. Il était content de m'avoir volé cinq sous !

Le dimanche, les gens de la ville allaient au jardin. Surtout les ouvriers. Ils prenaient un litre de bière pour emporter. Souvent, il leur fallait aussi un verre.

– Bon, ben, on paiera ce soir, pour sûr !

– Et n'oubliez pas de me rendre la bouteille !

– Oui, oui, vous pouvez y compter !

Mais le soir, ils oubliaient toujours quelque chose : les sous ou la bouteille ou les deux. Et après, quand je devais renvoyer les emballages, mes caisses restaient vides. J'ai été obligée de me fâcher avec tous ces gens.

Le vendredi 1er août 14, M. Chavanne est passé à l'épicerie pour prendre de l'essence. Il me traitait toujours comme à l'époque où j'étais chez lui.

– Petite, je crois que nous allons avoir la guerre !

– Oh ! pas possible ! monsieur Chavanne !

– Ah ! oui. Un télégramme doit arriver cette nuit. Mais je crois que nous n'y échapperons pas. Petite, nous aurons la guerre demain !

Mon Dieu, je ne comprenais pas bien ce qu'était une déclaration de guerre. J'attendais que la grand-mère et l'oncle rentrent de la vente pour leur demander une explication. Ils rentraient quelquefois très tard. Je ne suis pas allée au lit. Je voulais leur parler avant de me coucher. Mais j'ai été bien déçue. Ils ne savaient rien et ils ne s'intéressaient même pas aux événements. Ma grand-mère a marmonné quelque chose. « Je sais pas. J'ai rien entendu dire. »

Mon oncle a admis qu'il avait entendu parler de la déclaration, mais qu'il ne s'en était pas occupé. Son livret indiquait qu'il devait partir le douzième jour ; alors il avait bien le temps de se faire du souci. Moi, j'étais quand même inquiète. Avant d'aller me coucher, j'ai rédigé un bout de lettre pour ma mère, pour lui faire savoir les nouvelles. Je me suis dit : « Demain matin, en me levant, j'irai la poster. » Il fallait y aller avant huit heures. Le lendemain, donc, avant d'ouvrir le magasin, je suis partie pour la poste.

Il y avait cinq cents mètres. J'ai descendu la rue et j'ai vu deux commerçants qui étaient en train d'ouvrir leurs magasins, l'un en face de l'autre : le gérant de l'Alimentation stéphanoise et un vieil épicier nommé Bourge. Le père Bourge disait au gérant :

– On va avoir la guerre !

Mon cœur s'est mis à battre. Je me demandais encore si j'allais poster ma lettre. Mais la réflexion de l'épicier certifiait ce que j'avais écrit à ma mère. Je n'avais plus de raison d'hésiter. Je me suis arrêtée pour écouter la conversation des deux hommes. Le gérant pensait que ça allait peut-être s'arranger. Le père Bourge a dit :

– Non. On a tué Jaurès cette nuit. On est pratiquement en état de guerre !

Je suis retournée à l'épicerie pour ajouter cette nouvelle. Mais je n'ai pas pu ouvrir ma lettre. Alors, j'ai écrit derrière, sur l'enveloppe : « On a tué Jaurès. » Je ne savais pas si c'était permis. J'ai écrit tout petit, si bien que ma mère ne l'a jamais lu !

À onze heures, une femme est arrivée en courant. Elle voulait une cravate pour son mari, un jeune maçon, qui venait de recevoir son ordre de mise en route.

« Il a reçu sa feuille de départ et il n'a qu'une mauvaise cravate. Je ne voudrais pas qu'il ait l'air d'un pauvre !

Un peu plus tard, vers midi, je vois tout un rassemblement sur le trottoir d'en face. Des gens d'un certain âge, dont deux hommes qui avaient travaillé avec moi à l'usine, discutaient avec le facteur. Je me suis renseignée et j'ai appris que ces hommes partaient comme gardes-voies. Ils avaient reçu une feuille pour aller à Chavanay, sur la ligne du PLM.

À midi, ma grand-mère était là ; je lui ai raconté tout ça. Mais les événements ne la dérangeaient pas. Elle n'avait pas un caractère à se faire du mauvais sang... Ce jour-là, on avait donné le linge à la laveuse. Le lavoir se trouvait tout près, de l'autre côté de la place. Il y avait toujours quelques laveuses qui l'occupaient et ça donnait de l'animation au quartier. Vers quatre heures, elle est venue me dire :

– J'ai fini. Il faut m'aider à porter la corbeille.

Alors, je suis partie au lavoir. Et j'étais là, en train de porter la corbeille, quand le crieur est arrivé. Avec la laveuse, on s'est regardées, on a posé notre charge. On n'aurait pas pu aller plus loin. On avait les jambes qui tremblaient. Et on a écouté. « Mobilisation générale des armées de terre et de mer ! » L'homme était un Alsacien. Il avait un fort accent. Il agitait une grosse clochette et il tenait un paquet d'affiches sous le bras. Il en a posé quelques-unes sur le rebord d'une fenêtre.

Deux ou trois personnes sont sorties. Il n'y avait pas grand monde. Le crieur est monté un peu plus haut. Il était presque au bout de sa tournée. Il est redescendu un moment après pour coller les affiches qu'il avait laissées. Entre-temps, on avait quand même rapporté la corbeille de linge à la maison. Je me suis approchée pour voir.

C'étaient de grandes affiches avec des drapeaux entrecroisés et on aurait dit des pages de journal.

J'avais toujours le cœur battant. Je n'ai presque rien lu. Ma vue se brouillait.

La journée a fini comme ça. Je n'ai rien appris d'autre. Le lendemain était un dimanche et il n'y a pas eu beaucoup de départs. Mais le lundi, ça a été terrible. La vraie mobilisation, alors, j'ai compris ce que ça voulait dire ! Un départ massif. Il me semblait que tous les hommes s'en allaient.

Je me souviens d'un voisin qui avait accompagné ses deux frères et ses trois cousins. Il avait été jusqu'au bout de la place et il était resté là. Il pleurait, immobile, sans savoir quoi faire. Moi, ça me coupait les jambes de voir un homme pleurer comme ça.

En partant, des hommes s'arrêtaient à l'épicerie pour me dire un mot.

– J'emporte tout l'argent qu'on avait à la maison. Si ma femme a besoin de quelque chose, vous lui donnerez bien, hein ? Je ne sais pas comment elle va se débrouiller !

Je promettais, bien sûr ; mais je n'avais guère d'avances et je me demandais comment j'allais me débrouiller, moi aussi.

Les frères du pensionnat d'en bas avaient une musique et une chorale. Ils ont envoyé tout leur monde pour accompagner les partants. Il y en avait une pleine route. Les musiciens marchaient devant sur la route de Chavanay. Puis, à deux kilomètres de Pélussin, ils se sont arrêtés. Ils ont laissé les appelés poursuivre seuls leur chemin. Mais ils ont continué à jouer et à chanter tant qu'ils pouvaient apercevoir la colonne qui descendait à Chavanay.

Et pendant ce temps, à Pélussin, le tocsin sonnait à toute volée.

À midi, je n'ai pas pu avaler une bouchée. Ma grand-mère avait fait le marché aux Croix. On aurait dit que les événements ne la touchaient pas. L'après-midi, ma mère est venue. Tout à coup, j'ai eu une crise de larmes. Je ne pouvais plus m'arrêter de pleurer. Ma mère m'a engueulée. Tous les autres se sont mis avec elle.

– Mais enfin, tu as donc quelqu'un qui te tient tant à cœur, pour pleurer comme ça ?

Je ne pouvais pas me retenir. C'était surtout d'avoir vu pleurer ce pauvre homme qui plaignait ses frères. Et je pensais aussi à ceux qui étaient venus me dire au revoir en me recommandant d'aider leur femme. J'ai essayé de me défendre.

– Mais l'oncle va partir aussi !

– L'oncle ? Tu es folle !

Ils riaient tous.

– Ah ! ah ! l'oncle part le douzième jour. Il y a longtemps que ça sera fini, le douzième jour !

C'était le plus jeune de mes deux oncles, Jean-Toine. Il a dit :

– Oh ! avec les armes qu'on a, ça va pas traîner ! J'aurai peut-être le temps d'aller jusqu'à Saint-Étienne pour garder les femmes et je reviendrai aussitôt.

Quelques jours ont passé. Il y avait encore des départs, régulièrement. Une jeune femme sur le point d'accoucher s'accrochait à son mari. Elle ne voulait pas le laisser partir. Les voisins sont allés voir les gendarmes qui ont accordé un délai de vingt-quatre heures. Elle a eu son bébé dans la nuit et le mari est parti le lendemain.

Et puis le douzième jour est arrivé : la guerre n'était toujours pas finie ! Le hasard a voulu que ce soit aussi le jour de la réquisition des chevaux. La grand-mère avait demandé à un vieux garçon qui possédait un cheval presque aussi âgé que lui de l'emmener au marché à Maclas. L'oncle a donc conduit la Nénette à la réquisition. Il est parti confiant.

– Elle a une jambe qui ne va pas bien. Quand on la regarde un peu, elle n'a pas ses aplombs. Elle a une jambe un peu tordue. Ils ne la prendront sûrement pas !

Moi, j'avais un mauvais pressentiment. Je l'aimais beaucoup, cette jument ; elle était si jolie et si douce... La réquisition était à neuf heures. À onze heures, mon oncle devait prendre le train pour rejoindre la caserne à Saint-Étienne.

Et tout à coup, je le vois arriver au bas de la rue, avec sa bride sur le bras et sa longe à la main. Il marchait en baissant la tête. « Oh ! j'ai pensé, ils ont pris la Nénette ! »

– Oui, ils ont pris tous les chevaux. Ils les ont même pas regardés. Ils en ont pris autant qu'il y en avait !

Il est monté dans sa chambre pour se préparer. Il s'est habillé. Il a mis quelques vêtements dans son sac et il est parti. Ça commençait à sentir la solitude à la maison.

La grand-mère est rentrée vers midi et demi.

– L'oncle est parti ?

– Eh oui, l'oncle est parti au train de onze heures. J'étais presque contente. Ils m'avaient tellement chiffonnée, tous, parce que je pleurais douze jours plus tôt. J'ai ajouté :

– Et la jument aussi !

– On a pris la Nénette ? Pas possible !

– Eh oui, on a pris la Nénette.

– Oh ! mon Dieu ! mon Dieu !

La perte du cheval lui a fait certainement plus de peine que le départ de son fils. Elle pensait que son Jean-Toine ne tarderait pas à rentrer ; la jument, elle se doutait bien qu'elle ne la reverrait pas. Alors, ça a été une journée bien triste. Ma mère est venue aider un peu. On a travaillé au chargement. Pour moi qui avais l'épicerie en plus, ce n'était pas commode.

La grand-mère a donc embauché le vieux garçon avec son vieux cheval qui n'allait pas bien vite. Ils n'étaient pas pressés, ni l'un ni l'autre. Et puis ce brave homme s'était trouvé une femme dans la même rue. Il allait dormir chez elle. Le matin, la grand-mère voulait partir de très bonne heure parce que le cheval mettait beaucoup plus longtemps que la Nénette pour faire la tournée. Alors, c'était à moi d'aller crier sous les fenêtres de cette femme pour réveiller le bonhomme. Mais je réveillais toute la rue sauf lui. Il avait bu un bon coup la veille et il n'avait pas trop envie de se lever. Si bien que la grand-mère a été obligée de racheter un autre cheval.

Son fils aîné, Étienne, mon parrain, s'est arrangé pour l'accompagner deux jours par semaine. Et moi, je m'occupais du cheval. Je lui donnais son foin et son avoine ; je le faisais boire. Bien sûr, il était un peu tordu et mal foutu, puisqu'il n'avait pas été pris à la réquisition. Je n'étais pas trop fière de lui. Je l'emmenais boire à la fontaine, au bout de la rue. Il était plutôt bon diable ; je le prenais par son licol et il me suivait docilement.

Entre-temps, des soldats étaient venus à Pélussin ; ils devaient vivre là sur les ressources du pays, qui étaient bien minces. Ils allaient manœuvrer dans le pré de l'hôpital. Ils passaient dans la rue avec un sergent qui comptait : « Une ! deux ! une ! deux ! » Une fois, ils sont arrivés alors que je conduisais mon cheval à l'abreuvoir. « Une ! deux ! une ! deux ! » Je ne sais pas ce qui est passé par la tête de ce pauvre tordu. Il a dû se prendre pour un autre. Il s'est levé tout droit et il s'est mis à caracoler sur ses pattes de derrière. Et il s'était retourné contre moi. J'avais ses pattes de devant sur la figure. Il me semblait qu'il était devenu fou et j'avais peur qu'il me tombe dessus.

Alors, le sergent a arrêté sa petite colonne et il a envoyé deux hommes pour m'aider. Ils ont attrapé le cheval, ils l'ont calmé et ils l'ont emmené boire ; puis ils me l'ont rentré à l'écurie. À partir de ce moment, il n'est plus sorti pour boire. Et les restrictions ont commencé : on lui a mis une moitié de son dans le picotin pour ménager l'avoine. Il est devenu moins fringant.

Il y avait donc une cinquantaine de soldats à Pélussin. Ceux de Virieu logeaient au-dessus d'un café. Les sergents avaient une chambre. Les officiers étaient à Saint-Étienne. Comme ils n'avaient pas pu trouver leur ravitaillement sur place, ils le recevaient de Saint-Étienne par le tacot. Le cuisinier venait souvent me voir pour acheter des compléments. Un des hommes étant tombé malade et hospitalisé sur place avait droit à un œuf tous les jours... que le cuisinier venait chercher ponctuellement chaque soir. Au début de la guerre, la première denrée qui a manqué a été le sel. On en consommait beaucoup plus qu'aujourd'hui. Le cuisinier est venu me dire un jour que sa provision était épuisée et que l'intendance ne pouvait plus lui en fournir. Il n'avait pas de quoi saler la soupe des hommes ! J'étais trop juste pour l'aider. Et la pénurie allait en augmentant partout. Heureusement, ma grand-mère a pu avoir deux sacs de cinquante kilos dans un magasin de demi-gros, à Maclas. Il y a eu un sac pour les soldats et un autre pour l'épicerie. Ça nous a permis d'attendre que la situation s'arrange un peu.

Ces soldats étaient en grande partie des « récupérés », c'est-à-dire des hommes qui avaient été réformés au conseil de révision normal, avant la guerre. À la déclaration, on leur avait fait passer une autre visite et on avait pris tous ceux qui tenaient à peu près debout. À Pélussin, il y avait un cardiaque. Il est tombé malade brusquement. Le major était à Saint-Étienne : il ne s'est pas dérangé. Le médecin de Pélussin n'était pas à la hauteur pour ce genre de chose. Le garçon est mort dans la nuit. Plus tard, sa famille est venue en nombre. Il y a eu une explication orageuse avec le major qui ne s'était pas dérangé. Je me disais : « Qu'est-ce que ça doit être au front ! »

Quelques semaines plus tard, on a eu une autre

occasion de voir que les affaires allaient mal. On a reçu par la mairie l'annonce de la mort de la jument Nénette. Elle n'était même pas allée jusqu'au front. M. Chavanne a su qu'elle était morte de faim et de soif dans un camp de la région lyonnaise, avec des centaines d'autres chevaux !

Après le départ de mon oncle, la grand-mère a fait son marché au milieu des gens qui pleuraient. J'avais un voisin qui avait pleuré toute la matinée. Moi, j'essayais de me retenir. Ma grand-mère n'était pas émue. Rien ne la touchait. Et puis elle est partie à la vente.

Là, elle a commencé à comprendre. Les hommes étaient donc partis. La plupart avaient emporté l'argent du ménage – le peu d'argent qu'il y avait à l'époque dans le porte-monnaie d'un ouvrier. Et puis le beurre et le fromage, c'était surtout pour mettre dans le panier des hommes qui allaient à l'usine. Les femmes seules n'en avaient plus besoin. Alors, les ventes ont été mauvaises. La grand-mère a liquidé à perte. En rentrant, elle ne faisait pas trop bonne mine.

Le jeudi après, au marché des achats, à Maclas, ça a été très mal. Les gens de la montagne apportaient leurs paniers de beurre comme d'habitude. Mais la grand-mère achetait peu. Le beurre est descendu à quarante centimes la livre. Le fromage se conservant mieux, les paysans n'ont pas voulu le céder à bas prix et ils sont remontés avec ; jusqu'à la prochaine fois... On croyait toujours que la guerre allait finir bientôt. J'entendais la grand-mère dire : « Quand mon Toine sera rentré, on fera ci, on fera ça. »

Une de mes bonnes clientes avait une nichée de cochons qu'elle ne pouvait pas vendre. Et elle n'avait plus rien pour leur donner à manger. On avait annoncé la suppression des foires. C'était un arrêt total. Les usines avaient fermé dès le lendemain de la déclaration. Moi, j'étais obligée de vendre à crédit. Heureusement, beaucoup de grossistes ont arrêté de faire suivre leurs factures. Certains n'ont pas demandé le paiement de la marchandise avant la fin de la guerre.

On n'avait même plus de journaux. Les lettres du front n'arrivaient pas. Oh ! Dieu ! ça a été dur ! De temps en temps, il paraissait un petit feuillet qui donnait quelques nouvelles brèves. Mais il ne disait presque rien de la guerre. Et ça a duré comme ça plusieurs semaines. On a commencé à pouvoir correspondre avec les soldats du front. On ne recevait que des avis de décès. Et il y en a eu bientôt !

Le premier mort de la commune a été un de mes cousins du côté Peillon. Le second, je le connaissais aussi. C'était un séminariste qui servait comme brancardier. J'ai assisté à ces enterrements, au début de l'hiver. Enfin, ce n'étaient pas de vrais enterrements puisqu'on n'avait pas le corps. On faisait une cérémonie avec un catafalque couvert de drapeaux. Et toute la famille pleurait autour.

J'avais les pieds mouillés dans mes petits souliers de chevreau ; j'étais glacée ; je claquais des dents, et ça durait, ça durait...

On a commencé à parler des prisonniers. La Croix-Rouge acheminait les colis. Une famille du bourg faisait faire un pain toutes les semaines ; ils l'emballaient dans une toile de sac sur laquelle on écrivait l'adresse avec un crayon fuchsine. Et ils portaient le paquet à la mairie. Quelle corvée ! Ils ne pensaient pas que ça allait durer quatre ans ! Et puis les envois aux prisonniers ont été réduits et même supprimés.

Petit à petit, les affaires ont repris. Les usines ont rouvert leurs portes. Beaucoup d'hommes qui étaient partis dans les premières semaines de la guerre sont revenus comme mobilisés sur place. On disait simplement « mobilisés ». Et, du coup, la grand-mère a vu ses ventes repartir tout doucement. Et les premiers permissionnaires sont arrivés. Des permissionnaires du front... L'oncle, lui, était à Saint-Étienne, « pour garder les femmes », comme il disait. Il venait à Pélussin au moins une fois par semaine, souvent deux fois. Un peu plus tard, il s'était arrangé avec un copain qui devait lui téléphoner au cas où on le désignerait pour partir au front ou ailleurs : ainsi, il passait presque tout son temps chez lui.

Je le trouvais bien embarrassant. Il ne faisait rien ; il n'entreprenait rien à cause de ce coup de téléphone qui pouvait arriver n'importe quand. Il laissait son frère accompagner la grand-mère au marché. Il tournait autour de l'épicerie. Il allait à la cave ; il buvait quelques coups. Il allait au café ; il en buvait quelques autres.

Il est resté quelques jours sans venir et comme je

devais aller à Saint-Étienne, j'ai dit à ma grand-mère le soir, après son retour de tournée :

– Demain, j'irai voir l'oncle, à Saint-Étienne.

Elle ne m'a pas répondu tout de suite et j'ai vu qu'elle faisait la tête. Elle a fini par s'expliquer.

– Ah ! l'oncle ! j'ai bien peur qu'il soit parti. J'ai vu quelqu'un de bien renseigné aujourd'hui, et il m'a dit qu'on avait vu partir une compagnie et qu'il y avait l'oncle.

Cette fois, elle était touchée.

Je suis allée à Saint-Étienne et il était bien parti. J'ai rencontré des copains à lui qui m'ont renseignée. Ils rigolaient un peu.

– Ton oncle est parti pour Toulon, alors tu n'as pas trop à t'en faire !

À ce moment, les Italiens ne savaient pas encore de quel côté ils allaient pencher. Les Français massaient des troupes près de la frontière au cas où ils nous auraient attaqués. Mais il faut croire que le gouvernement ne s'inquiétait pas trop parce qu'il envoyait surtout des vieux, des territoriaux et des récupérés. Et pour l'oncle, c'était la belle vie. Il trouvait du vin à quatre sous le litre et il mangeait des raisins. Il disait : « Quand ils ont vendangé, là-bas, il y a autant de raisins dans la vigne que chez nous avant la vendange ! »

Il est resté un certain temps dans le Var. Et puis un après-midi... Oh ! je me souviens bien de ce jour-là. Ma grand-mère se préparait pour le marché. Ma mère était venue l'aider. Elles repesaient le beurre. Les agents des fraudes étaient beaucoup plus sévères qu'avant la déclaration de guerre et il fallait faire attention. Il y avait ma tante. On travaillait ensemble en bavardant. Ma grand-mère avait justement rencontré quelqu'un « de bien renseigné » qui lui avait dit que ça ne pouvait pas tarder de finir. Je n'y croyais pas trop, mais j'avais le moral un peu plus haut quand même. Et puis vers quatre heures et demie, le facteur est passé. On avait deux distributions à ce moment-là. Deux cartes... Une pour la grand-mère et une pour moi. C'était l'oncle qui les avait jetées depuis le train, en passant à Chavanay. Souvent, les soldats jetaient des lettres ou des cartes en traversant une gare : les gens les ramassaient et les portaient à la poste.

L'oncle racontait qu'il partait pour le camp retranché de Paris. Moi, ça ne me disait pas grand-chose ; mais je comprenais bien qu'il se rapprochait du front et que la guerre n'allait pas finir aussi vite que les gens le croyaient... Une semaine plus tard, on a appris qu'il était dans la région de Reims. J'ai regardé sur la carte et j'ai vu qu'il était presque au front.

Mais il ne se plaignait pas. Il nous parlait du cheval qu'on lui avait donné à conduire : un superbe « gris de fer ». « Je pense que la guerre va finir bientôt. Je voudrais bien savoir ce qu'il va devenir, mon gris de fer. Si je pouvais, je vous le ramènerais ! »

Mais quelques mois plus tard, son régiment est parti pour la Belgique, là-bas où les jeunes étaient morts debout dans les tranchées : on les avait recouverts et on ne voyait plus que les baïonnettes au-dessus de la terre. Et il a oublié d'emmener son gris de fer.

Il y avait quelquefois des embarras drôles. Ainsi, on a supprimé le Pernod. J'en avais trois ou quatre litres. Le gabelou est venu voir. Il l'a marqué sur son cahier et il a mis une cravate spéciale à chaque bouteille. Puis il m'a demandé une échelle et il a rangé les bouteilles tout en haut de mon placard.

– Et maintenant, vous laissez ça là. Il vous est interdit d'en servir et même d'y toucher. Vous entendez ? Même d'y toucher !

– Mais moi, je l'ai payé ! Et qu'est-ce que ça va devenir ?

– La maison vous le reprendra.

J'ai demandé à mon grossiste. On m'a répondu : « Nous vous le reprendrons dès qu'il nous sera repris par le fabricant. » Allons bon, je n'avais qu'à attendre. Et j'ai attendu, attendu... Un jour, bien longtemps après, j'attrape l'employé. Il s'appelait Igouninc.

– Monsieur Igouninc, et mon Pernod ? Qu'est-ce qu'il va devenir ?

– Quoi ? Vous avez du Pernod ? Mais c'est interdit !

– Vous ne vous rappelez pas que vous l'avez monté en haut de mon placard ?

– Faites-moi voir ça !

Il est remonté là-haut, tout bête. Il a redescendu les bouteilles.

– Faites-les disparaître. Je ne veux plus en entendre parler !

J'ai pris un demi-litre et je le lui ai mis sous le bras. Il a protesté très fort, mais il n'a pas lâché le demi-litre. J'ai emporté le reste à la cuisine et je l'ai vendu discrètement pour me rembourser du prix d'achat. C'était un peu de marché noir. J'avais trouvé deux bons clients qui avaient les moyens de me payer et qui s'en sont partagé les trois quarts : le médecin et la sage-femme.

Pélussin pendant la guerre : la rencontre

La guerre continuait. Dans le quartier, on vivait un peu au ralenti. Par exemple, nos deux bouchers étaient partis. Un était au front, l'autre à Saint-Étienne dans un abattoir. Celui-là venait de temps en temps. Il tuait un veau et il le partageait avec la femme de son collègue et avec ceux des autres quartiers. Un veau, un mouton, un chevreau... Les femmes vendaient quelques petits bouts de viande, vraiment des petits bouts... L'argent manquait. Enfin, on avait de nouveau du sel.

Le rationnement a commencé. Bien entendu, c'était très mal organisé. Les cartes de pain, c'était un drame. Les malheureux n'avaient pas leur part. Et d'autres ne savaient que faire de leurs tickets. Moi, je mettais quelques paquets de cigarettes dans mes poches quand j'allais à la mairie et je ramenais des cartes presque à volonté. Je n'avais même pas la malice d'en garder une de plus pour moi. Je les distribuais aux familles qui avaient des enfants. J'en donnais à ma future belle-sœur, qui venait d'être veuve et qui avait deux gosses.

On a donné aussi des bons de cinquante centimes aux femmes des soldats. Elles allaient chercher les bons et elles arrivaient avec ça dans les magasins. Les commerçants ne savaient pas quoi faire. On ne nous avait rien dit. Nos fournisseurs n'en voulaient pas. On était bêtes et on n'osait pas demander. Avec la boulangère et les deux bouchères, on a tenu conseil et elles m'ont envoyée à la mairie pour avoir un renseignement. On m'a dit qu'il fallait rapporter les bons que nous avions reçus en paiement, pour les faire viser, et ensuite les remettre au percepteur qui nous les rembourserait.

Nous nous sommes regardées. La boulangère faisait une drôle de tête. Le percepteur, tout le monde en avait peur. Il n'était pas très abordable et il se fâchait tout noir pour un rien. Les autres commerçantes m'ont encore déléguée pour porter les bons. Je n'y suis pas allée tout de suite. J'ai réfléchi et j'en ai parlé à ma mère et à ma grand-mère. J'ai conclu que le percepteur se mettait surtout en colère parce qu'il manquait de monnaie. C'était un problème pour tout le monde.

Il criait : « Apportez-moi donc la monnaie ! Si vous n'avez pas la monnaie, foutez le camp ! » Mais les pauvres femmes de la montagne, elles n'avaient pas de monnaie, elles n'avaient jamais de monnaie ; elles ne savaient pas où en prendre et il fallait qu'elles remontent chez elles pour faire leur travail. Elles repartaient terrorisées.

Alors, je me suis mise d'accord avec les autres. On a commencé à récupérer des centimes et quand on a jugé qu'on en avait assez, je suis partie à la perception avec deux poignées de pièces. Je pensais bien que le percepteur me crierait dessus ; mais avec ma provision dans les poches, j'avais bon espoir. Comme prévu, il s'est mis à hurler. Il m'a demandé ce que je venais faire, qui j'étais pour avoir tous ces bons. J'avais envie de passer sous terre. J'ai répondu que j'étais une pauvre commerçante qui avait bien du mal à s'en sortir. En même temps, j'ai posé une poignée de pièces sur son guichet. Il m'a regardée comme s'il n'en croyait pas ses yeux. Oh ! la tête de cet homme ! Je la revois encore. On aurait dit que je lui avais sauvé la vie. Il ne criait plus. Il bégayait.

– Qu'est-ce... qu'est-ce que c'est que ça ?

– C'est de la monnaie que je vous apporte, monsieur le percepteur.

On a discuté, on a fait connaissance. Il était heureux, heureux. Après, je lui apportais des petites pièces chaque fois que je pouvais. J'ai su par sa femme que ces histoires de monnaie, au début de la guerre, ça avait failli le rendre fou. Il en perdait le boire et le manger. Alors, on a continué comme ça pendant toute la guerre. Je lui gardais toutes les pièces que je pouvais récupérer. Et je n'avais plus d'ennuis avec la perception !

Par contre, j'en avais de terribles pour le sucre. Il fallait ramasser les bons d'avance et nos fournisseurs se débrouillaient toujours pour nous en faire perdre une partie. Sûrement, ça n'était pas perdu pour tout le monde ! Une fois, j'ai été livrée à cinquante pour cent seulement. Alors, les clients qui m'avaient donné leurs bons, ils n'étaient pas très contents. Il y en a qui m'ont quittée. Après, je ne prenais plus les bons. « Moi, je ne peux pas m'en sortir, débrouillez-vous ! »

Et puis la marchandise augmentait. Et c'était épouvantable, parce qu'on n'avait jamais vu ça. Il y avait des années et des années que rien n'avait changé. On croyait le prix des choses fixé une fois pour toutes. Par exemple, le sel était à quatre sous le kilo depuis bien avant ma naissance. Le macaroni à huit sous la livre... et tout ça était bien établi. Et souvent, les clients avaient juste la somme nécessaire pour payer ce qu'ils voulaient. Quand on demandait un sou de plus, c'était une catastrophe. Les plus gentils disaient : « Je vous l'apporterai. » Mais ils n'y pensaient plus et on perdait la différence.

La chaussure avait beaucoup augmenté, mais il était difficile de faire la comparaison parce que la mode avait changé. On était passé du soulier bas qui valait dix ou douze francs la paire à la botte lacée qui en valait vingt ou vingt-cinq.

Le charbon n'était pas rationné, seulement très rare. Ma grand-mère le prenait en été à un marchand qui venait chercher une grosse motte de beurre. Il se servait directement à la mine. Et l'hiver, au moment où les autres tiraient la sonnette du détaillant, on n'avait qu'à puiser dans la provision. Puis on a reçu de la tourbe. Toutes les familles ont reçu un avis d'aller retirer tant de kilos de tourbe à la maison d'école. Moi, je ne savais pas trop ce que c'était. Enfin, j'ai pris ma brouette et je suis partie. On m'a donné vingt kilos d'une espèce de bouillasse qui dégoulinait de la brouettc. J'ai tiré comme une noire pour monter mon chargement à Virieu. Quand ça a été sec, il ne restait presque rien. On en mettait un morceau entre deux pelletées de charbon.

De temps en temps, j'avais la visite de M. Chavanne. Il avait été mobilisé à Chavanay pour s'occuper d'une botteleuse. Il faisait des bottes de foin pour l'armée. Il n'avait plus d'essence pour sa voiture ; mais il possédait un cheval et un petit cabriolet ; il venait à Pélussin tous les jours et il pouvait surveiller son usine qui tournait de nouveau presque normalement. Il avait deux hommes sous ses ordres pour botteler le fourrage réquisitionné. Il ne se fatiguait pas trop. Il paradait en tenue de chasse : complet velours, casquette et leggings. Mais il était toujours très gentil et, grâce à lui, je savais quelques nouvelles.

Ma principale distraction, c'était l'ouvroir que les sœurs avaient monté avec leurs anciennes élèves comme moi. Elles recevaient de la laine, de la vraie laine, alors qu'à l'épicerie je n'avais plus que du poil de chameau, un fil qui se cassait sans arrêt. Je n'avais guère le temps de tricoter, mais je payais une cotisation et je m'occupais de distribuer la laine. La laine arrivait dès l'été et on nous demandait des chaussettes, des pull-overs, des passe-montagnes. Les pulls, au début, personne ne savait les faire. Les sœurs nous avaient procuré des patrons et les plus habiles d'entre nous s'y étaient mises.

On disait toujours :

– Oh ! ça va finir, ça va finir !

Quand on recevait la laine, on se regardait et on avait le cœur serré.

– Tout de même, c'est des vêtements pour l'hiver. Ils ne vont pas y passer l'hiver !

– Ils nous font faire ça en prévision. Il faut toujours prévoir. Mais ça sera sûrement fini avant l'hiver.

Et puis on tricotait ; l'hiver venait et la guerre continuait. Le commerce avait un peu repris. Il y avait des mobilisés sur place. La marchandise se vendait mieux. Ma foi, nos braves paysans avaient pris goût à l'augmentation. Ils souhaitaient que la guerre dure un peu plus. Enfin, ceux qui n'avaient pas de proches au front.

– Oh ! ça va pas finir encore. Pensez-vous ! Ça va durer au moins un an !

– Mais vous êtes fous ! je disais. Ça peut pas durer encore un an. Tous nos soldats seront morts !

– Ah ! sûr qu'il va en rester ! Ben, ça fera de la place...

L'année d'après, on recevait encore de la laine et on recommençait à tricoter en se disant la même chose.

On faisait des quêtes pour ci et pour ça. On prenait des filleuls parmi les soldats.

La plupart des femmes qui envoyaient des colis à leur mari avaient le secret de les faire trop lourds. Et puis elles mettaient des fromages qui coulaient et quelquefois des flacons d'eau-de-vie qui se débouchaient ou bien se cassaient. Les postières refusaient tout ça. Alors, les pauvres femmes arrivaient chez moi pour défaire leurs paquets et les peser sur la balance de l'épicerie. Les colis qui partaient pour le front ne devaient pas dépasser un kilo. Je mettais un poids d'un kilo sur un plateau et sur l'autre, pour avoir une petite marge, je mettais dix grammes. Déjà, elles me regardaient de travers, comme si j'avais voulu causer du tort à leurs hommes.

Elles commençaient à sortir leurs fromages en maugréant. Il y avait souvent cent ou deux cents grammes de trop. Et puis ça avait coulé ; ça avait percé la toile. On enveloppait les marchandises dans une toile et on écrivait l'adresse avec un crayon fuchsine. Quand ça avait trop pissé, l'adresse était illisible. Il fallait prendre un autre emballage. Elles me faisaient perdre mon temps, ces bonnes femmes, et, en plus, elles m'engueulaient. « Ah ! mais vous en sortez toujours ! Vous sortez tout ! Alors, mon mari, il va rien recevoir ! »

Mon oncle est arrivé du front, un jour, en bleu horizon. C'était le premier permissionnaire en bleu horizon que je voyais. Ça lui allait bien ; c'était vraiment beau. Le soir, je l'ai vu qui chuchotait avec la grand-mère. Et la grand-mère, elle faisait vilain ; elle tordait le nez comme un chien qui a trouvé une vipère. Le lendemain, j'ai appris que l'oncle avait des poux ! On l'a lavé et peigné comme il n'avait jamais été de sa vie. On a donné sa belle veste bleu horizon à la laveuse pour l'ébouillanter, puis on l'a mise à sécher sur un cintre dans le jardin. Je suis allée l'admirer et j'en ai vu un qui se promenait tranquillement sur le col ! Un de ces énormes poux avec la croix de fer... Il cherchait une couture pour pondre ou pour se cacher. Je ne l'ai pas touché. Je n'ai rien dit. J'avais compris que ça ne servirait à rien. Ce n'était pas la peine. Les soldats avaient des poux et ils les garderaient jusqu'à la fin de la guerre. On n'y pouvait rien.

Les permissionnaires chantaient :

T'en souvient-il, dis Titine, des culbutes
Que nous faisions tout là-haut sur la butte,
Sur la butte de Tahur, face aux casques pointus,
Sous la mitraille et les obus.
Il repose au bord d'une cahute,
Quelques fleurs, une croix sur la butte.
Il a fait son devoir, son devoir jusqu'au bout,
Sa dernière pensée fut pour vous...

En 16, je m'étais liée d'amitié avec une voisine qui travaillait à l'usine. Toutes les deux, nous étions maigres comme des araignées. Elle souffrait de l'estomac. Moi, j'avais une douleur du côté gauche qui me coupait la vie. Nous avions bien envie de nous faire soigner. Mais le médecin de Pélussin était une espèce de Russe qui n'avait jamais guéri personne. Je me demande bien où il avait pu avoir ses diplômes... Il fallait donc aller à Saint-Chamond, à Vienne ou à Saint-Étienne. On nous a indiqué un certain Dr Laurençon, de Saint-Chamond, un homme entre deux âges qui avait bonne réputation. Nous voilà donc parties, un matin, par le tacot. Nous sommes arrivées à son cabinet un peu avant huit heures. Nous étions les premières.

Et tout à coup, il s'est mis à entrer des gens avec des têtes affreuses. On aurait dit des mannequins, des épouvantails. Ils avaient tous la peau jaune, jaune citron... quand le citron est entre le jaune et le vert... et les cheveux verts ! Les cheveux, c'était encore plus effrayant que le teint. Ils étaient complètement défigurés... Il en arrivait toujours pendant que nous attendions. Nous étions prêtes à repartir. Puis le docteur a ouvert la porte. Et comme nous étions les premières, nous sommes passées.

Ce médecin, il était plus jeune qu'on ne pensait. Après, on a compris pourquoi il avait été mobilisé sur place. Il était grand, avec les épaules larges, une belle moustache noire. Il portait un complet croisé déboutonné. Nous n'avions pas souvent vu quelqu'un d'aussi élégant et il nous a beaucoup impressionnées.

Ma copine est passée la première mais nous étions restées ensemble dans le cabinet. Il l'a trouvée trop maigre et il lui a demandé ce qu'elle faisait.

– Je travaille à l'usine, monsieur le docteur.

Alors, il a pris une crise terrible. Il criait encore plus fort que le percepteur de Pélussin.

– Je ne veux plus entendre parler de l'usine ! Vous êtes folles ! Des filles comme vous, qui n'ont même pas commencé leur vie, dans ces saletés d'usines ! Vous les avez vus, mes clients des usines ? Vous les avez vus, les ouvriers, dans ma salle d'attente ? Vous voulez être comme ça dans six mois ?

Il ne nous laissait pas placer un mot. Ma copine

n'osait pas ouvrir la bouche. Quand il s'est arrêté, j'ai dit :

– Mais, monsieur, nous venons de Pélussin. Mon amie n'est pas à l'usine de la ville. Elle est au moulinage de la soie. Ce sont des petites usines de soierie en pleine campagne. Ce n'est pas la même chose.

Il était dans une telle colère qu'il ne pouvait plus se calmer. Après, ça a été mon tour. Il m'a trouvée trop maigre et il a diagnostiqué une névralgie. Après, nous sommes allées à la pharmacie et nous avons rencontré une femme très gentille qui venait aussi chercher des médicaments ; mais elle n'était pas chez le docteur. Alors, je lui ai demandé où travaillaient tous ces gens qui avaient les cheveux verts et la peau jaune. La dame nous a répondu en baissant la voix :

– À la fabrique de gaz asphyxiants pour la guerre !

J'habitais tout près de l'hôpital, qui servait surtout d'hospice. J'allais voir ces vieux et ces vieilles. Je remplissais mes poches de bonbons que je leur distribuais en les écoutant raconter leurs misères. Ils avaient presque tous des enfants ou des petits-enfants à la guerre. Les vieux se déplaçaient un peu ; certains venaient me voir et je leur donnais un verre de vin, un petit gâteau, un morceau de sucre ou une figue sèche. Ils étaient déjà privés en temps de paix ; et depuis la guerre, c'était devenu la misère pour tout le monde à l'hôpital, sauf pour l'économe. Ça allait très bien pour l'économe.

Quelquefois, ils se partageaient un gâteau sec à deux ou trois. Pour une figue, ils se seraient battus.

Quand je leur donnais un morceau de sucre, en général, ils le gardaient pour le manger avec leur pain.

Parmi les plus fidèles, il y avait un vieux paysan qui était encore valide et qui me rendait de menus services. Il me faisait mes commissions à la gare. La cheffesse oubliait souvent de me prévenir quand j'avais un colis de marchandises. Quand j'attendais quelque chose, j'envoyais mon vieux aux renseignements. Quand il remontait avec un avis d'arrivage, il était tout heureux. Je lui donnais quelques sous et un verre de vin. Il me promettait de ne rien dire aux autres. J'étais bien démunie et je craignais une invasion... Puis il est resté quelque temps sans venir. J'ai appris qu'il était mort. Je le croyais en bonne santé. Il était peut-être mort de misère. Je me suis dit : « Moi qui vais à tous les enterrements, il faut que j'accompagne ce pauvre vieux. Je lui dois bien quelque chose ! » J'en ai parlé à une voisine qui le connaissait aussi. Nous avons donc suivi ce pauvre cortège un matin de printemps. Les cerisiers étaient en fleur mais il faisait encore un peu froid.

Il y avait les deux porteurs, le cordonnier et un pauvre bougre qui l'aidait de temps en temps pour pouvoir s'acheter un morceau de pain et un litre de vin, une religieuse qui venait à tous les offices et puis, bien sûr, le curé et son enfant de chœur. Après la messe, nous sommes partis pour le cimetière et la religieuse nous a suivis jusqu'au bout de la ville. Ma voisine qui avait du travail est redescendue aussi. Je suis restée seule derrière le cercueil.

Nous marchions lentement sur la route bordée de

cerisiers. Le temps était gris. Quelques oiseaux nous accompagnaient en pépiant. Et tout à coup, au moment où nous arrivions au cimetière, le ciel s'est éclairci, le soleil s'est mis à briller et les oiseaux à chanter comme des fous. On aurait dit que tous les oiseaux de la commune s'étaient rassemblés devant le cimetière. Ils voletaient sur les cerisiers. Ils tournaient autour de nous. Ils se posaient n'importe où, même par terre. Et tout ce petit monde chantait, trillait, gazouillait ou sifflait ! Jamais je n'avais entendu un tel concert, même quand j'étais au crêt, seule avec mes bêtes.

Je ne sais pas si le cordonnier et son aide s'en sont aperçus ; mais l'enfant de chœur en restait bouche bée. Et j'ai vu le prêtre lever la tête d'étonnement plusieurs fois.

J'en avais les larmes aux yeux tellement c'était beau. Et je me disais : « Il doit se passer quelque chose d'extraordinaire. Ce n'est pas possible que tous ces oiseaux soient venus seulement pour ce pauvre vieux. La guerre est peut-être finie ! »

Ils ont continué de chanter pendant qu'on mettait le cercueil en terre et ils se sont dispersés aussitôt après. C'est le plus bel enterrement que j'aie jamais vu. Malheureusement, la guerre n'était pas finie.

Sur ces entrefaites, une de mes clientes a eu un bébé. C'était ma plus mauvaise cliente. Il lui manquait toujours quatre sous quand elle voulait acheter une demi-livre de macaronis. Mais elle avait une fillette de six ou sept ans et elle attendait son bébé ; alors, je lui faisais crédit. Le bébé est né. Je demandais régulièrement des nouvelles à la mère. Elle me répondait sèchement : « Oh ! ça va. » J'essayais d'en savoir un peu plus. « Et bébé, il profite ? Il sourit ? Et ci et ça... » Mais je n'avais pas beaucoup de succès. Un jour, elle m'a dit comme ça, tout à trac :

– Oh ! il va mourir !

– Il va mourir ?

– Oh ! oui. Il ne se nourrit plus. Il y a deux jours qu'il n'a pas pris son biberon. Il va mourir.

Et quelques jours plus tard, j'ai appris qu'il était mort. Beauseigne ! J'ai décidé d'aller le voir. Je l'ai trouvé dans son petit berceau, le pauvret, presque au milieu de la cuisine. Il avait été tordu par la mort et ses mains se mélangeaient avec ses petits pieds. Sa mère ne l'avait même pas étendu. Il avait l'air d'une araignée. Sa tête était à peine grosse comme une orange. Et je pensais : « Mon Dieu ! Son père est à la guerre... »

Le lendemain, cette bonne femme cherchait partout des enfants pour faire une belle cérémonie. Elle n'en a trouvé aucun. J'ai suivi aussi cet enterrement. C'est un des plus tristes dont je me souvienne. Je pensais sans arrêt au père du bébé qui était à la guerre, qui était peut-être mort aussi.

J'avais souvent des visites de poilus : des anciens voisins, des connaissances de l'usine ou des champs, les frères ou les maris de mes clientes. Il y avait un petit berger qui gardait les vaches au crêt avec moi quand nous avions dix ou douze ans. Je ne le craignais pas. Je lui demandais ce que j'aurais voulu savoir. Je lui posais les questions que je n'osais pas poser aux autres.

Les journaux parlaient de mutineries dans l'armée. On avait beaucoup fusillé pour l'exemple et les familles étaient terrorisées. On disait : « Le mien, il sera obligé de suivre et puis on me le fusillera ! » Les gens étaient encore plus tristes qu'avant. Franchement, ça allait mal. Mon petit berger m'avait dit : « Nous, on ne s'est pas mutinés, mais on en a vu... » Il était dans les chasseurs alpins et il avait participé aux combats de la côte du Poivre. « Moi, j'en ai vu qui sont partis la crosse en l'air. Les Allemands n'ont rien fait. Ils se sont terrés. Il n'y a pas eu un coup de feu tiré, ni d'un côté ni de l'autre. Sûr qu'ils en ont marre aussi, en face ! Enfin, les nôtres sont revenus, comme ça, les officiers n'ont rien dit. Il n'y a même pas eu de punitions ! »

C'est tout ce que j'ai su sur cette affaire. Je lui posais aussi des questions sur le froid, la pluie. On se demandait comment ils faisaient, ces pauvres hommes, quand ils étaient trempés. Comment ils se changeaient, comment ils se séchaient, comment ils s'arrangeaient pour dormir dehors... Patiemment, il nous expliquait ça, à ma grand-mère et à moi.

Et puis en 16, j'ai fait la connaissance de Joseph. Il arrivait de Verdun. Il était maigre. Il avait les yeux brillants. Il se tenait tout le temps au garde-à-vous.

À cette époque les permissionnaires chantaient :

C'est à Verdun, au fort de Vaux
Qu'on doit laisser sa peau.
Nous sommes tous des condamnés,
Nous sommes tous des sacrifiés...

Sa sœur, qui était une voisine et une cliente, me l'a présenté bien simplement :

– Voilà mon frère. Il est en permission. Je vous l'amène !

J'étais plutôt gênée. Elle m'a demandé un quart de café. Elle est partie en disant :

– Dans un quart d'heure, je vous attends tous les deux pour le boire !

Joseph portait la tenue bleu horizon, avec le képi et les souliers fantaisie. Il était artilleur. Il avait la croix de guerre. Ça se passait vers la fin de l'année, après la grande attaque d'octobre 1916, à Verdun. Il faisait froid. On a eu des hivers terribles pendant la guerre. On a échangé quelques mots.

– Alors, vous avez la chance d'être en permission ?

– Oui.

– Pour sept jours, comme les autres ?

– Oui.

– Vous avez l'air bien fatigué.

– Oui.

On ne peut pas dire qu'il était très bavard. Enfin, il a consenti à prononcer une phrase. « Je viens d'un endroit où il ne faisait pas bon vivre ! » Celle-là, je ne l'ai pas oubliée. Et puis nous sommes allés chez sa sœur. Elle habitait une petite maisonnette, dans la cour d'un restaurant. Il y avait une grosse source au milieu de la cour et l'eau avait gelé sur les pavés. En traversant, il fallait faire très attention. Je me souviens que Joseph n'a pas glissé une seule fois. J'étais en admiration devant son allure. Je me disais : « Il doit se tenir comme ça sur son cheval ! »

Son beau-frère, Boucher, avait été tué à la guerre. C'était un territorial d'une quarantaine d'années. Il transportait des matériaux derrière les tranchées : ça ne l'avait pas empêché d'attraper une rafale de mitrailleuse. Sa veuve, donc la sœur de Joseph, avait quitté la ferme pour venir habiter en ville, tout près de chez moi, avec ses trois enfants. Je m'apitoyais beaucoup sur les gosses. Je leur faisais passer toute la nourriture que je pouvais économiser.

Ce jour-là, je crois bien qu'elle n'avait d'autre arrière-pensée que de gagner une poche de café. Bien entendu, elle n'avait pas payé et elle se disait qu'après en avoir bu une tasse avec son frère, je n'oserais pas réclamer le prix de la poche !

Nous avons parlé des permissionnaires, un peu des morts, pas trop ; du temps qu'il faisait ici et là-bas ; du ravitaillement. Je demandais toujours aux soldats s'ils ne souffraient pas trop du froid. En voyant la glace dans la rue, le matin, je me figurais que pas un homme n'avait pu passer la nuit dehors et être encore vivant. J'avais des engelures et même des doigts éclatés. Et Joseph avait les mains impeccables. Pourtant, il nous a dit qu'il couchait dehors par tous les temps, quatre ou cinq nuits par semaine. Je lui ai demandé comment c'était possible. Il m'a souri.

– C'est l'habitude. Quand la guerre sera finie, on ne pourra plus coucher dans un lit !

Il m'a promis de m'écrire. Il m'a envoyé quelques cartes postales. Moi, je n'osais pas trop lui répondre. J'avais peur de faire des fautes. Lui, il écrivait comme un notaire. J'ai fini par laisser tomber cette correspondance.

Un jour, beaucoup plus tard, sa mère est venue à l'épicerie. Je lui dis :

– Et votre fils, comment va-t-il ?

– Ah ! je l'ai. Il est en permission !

– Mon Dieu ! Dites-lui de passer me voir.

– C'est qu'il va partir.

– Dites-lui de s'arrêter en partant.

Il est passé en descendant à Chavanay. Il était un peu pressé. Je l'ai trouvé encore plus beau que la première fois. C'est qu'il était reposé et très élégant, avec ses houseaux qui brillaient comme des miroirs. On a renoué... en vitesse, mais on s'est promis de s'écrire régulièrement. Et on a tenu parole tous les deux. À une époque, on s'écrivait même tous les jours ; mais on n'a pas pu tenir ce rythme jusqu'à la fin de la guerre.

Il est revenu au mois d'août 17 et nous avons eu notre premier vrai rendez-vous, au-dehors. Il avait insisté et j'avais fini par accepter ; je tremblais de peur. Je devais attendre que ma grand-mère soit montée dans sa chambre. Pour aller dans la mienne, je passais devant sa porte. J'ai donc calculé mon affaire pour qu'elle ne se doute de rien. Aussitôt qu'elle a été rentrée, j'ai traversé le couloir à grands pas, comme d'habitude, en disant : « Bonsoir, grand-mère ! » Elle m'a répondu par un vague « bonsoir ». Au lieu d'aller dans ma chambre, je me suis retournée sans marquer d'arrêt et je suis redescendue. Puis je suis sortie par la cour et le jardin. Arrivée au bout du jardin, j'ai ouvert la porte en fer avec le moins de bruit possible, à cause des voisins qui n'avaient pas l'oreille dans la poche. J'ai cueilli une fleur dans une plate-bande et j'ai marché ainsi jusqu'à la rue. Au bas du sentier, j'ai reconnu une odeur de cigarette et j'ai eu un petit pincement au cœur. Il était là ! Il attendait depuis un moment et il commençait à avoir peur que je ne vienne pas.

Nous avons pris un petit chemin qui serpentait entre deux grands murs de jardin. Nous sommes allés jusqu'à un endroit appelé « les roches de Clodi ». Puis nous sommes retournés à la route. Nous avons fait deux ou trois fois le même parcours. La conversation était un peu décousue. Enfin, nous nous sommes arrêtés au bord d'une prairie où coulait une jolie source. Il faisait un clair de lune si brillant qu'on ne voyait même pas les vers luisants dans l'herbe. Nos ombres nous accompagnaient, aussi nettes qu'en plein midi. Je n'étais pas sortie la nuit depuis que j'habitais en ville et ça m'impressionnait un peu.

Et le silence... un silence comme on n'en connaîtrait peut-être plus jamais. Les hommes étaient à la guerre. Les femmes, les enfants et les vieux se terraient dans les maisons. La vie s'arrêtait à la tombée de la nuit. On économisait l'électricité et le pétrole. Et les chiens... C'est une chose que je ne me suis jamais bien expliquée. Pendant la guerre, les chiens n'aboyaient pas le soir. Peut-être parce que les gens ne circulaient pas ou parce que les femmes les tenaient enfermés à la grange pour se sentir mieux protégées. À la même heure, autrefois, on les entendait se répondre d'une ferme à l'autre, tout autour de Pélussin. C'était un vrai concert.

Ce silence me bouleversait parce qu'il marquait la guerre. Et ça a été comme ça jusqu'à la fin, jusqu'au retour des hommes.

Joseph a proposé de s'asseoir sur le talus, à côté de la source. J'ai refusé très fort et il était tout étonné.

– Oh ! moi, je ne veux pas m'asseoir. Ah ! non, non !

– Mais ça va être trop court de rentrer immédiatement.

Je la connaissais bien, cette petite fontaine. Tout autour, il y avait de jolies vipères grises qui venaient s'abreuver. Quelquefois, on en voyait une écrasée sur la route. Pour rien au monde, je ne me serais assise là, au milieu de ces bêtes qui me faisaient tellement peur. J'en frissonnais.

Nous sommes revenus tout doucement, en comptant nos pas. À proximité de l'hôpital, il y avait un endroit très peureux ; un ancien hôtel presque en ruine, avec des murs à moitié écroulés, des portes à moitié ouvertes, des recoins sombres, envahis par les ronces et les orties. Ça m'effrayait encore plus que les vipères. Je me disais : « Oh ! mon Dieu ! il va me laisser là. Comment je vais faire pour rentrer ? » Je n'étais pas très loin de chez moi, mais je ne me voyais pas franchir seule ce mauvais passage. Et je n'osais pas demander à Joseph de m'accompagner jusqu'à la maison.

Il avançait un peu plus avec moi. Il disait : « Bon, je vais m'en aller. » Il s'arrêtait. Je m'arrêtais aussi et je ne disais rien. Alors, il reprenait, il marchait quelques pas. Et le manège recommençait. Finalement, il est venu jusqu'à la porte du jardin. Et quand il m'a quittée, je l'ai embrassé de tout mon cœur. Je pensais : « Il ne m'a pas laissée seule pour rentrer. C'est un brave garçon ! »

Il est revenu à Noël, ou plutôt un peu avant. Il devait repartir le 24 décembre ; mais il avait décidé de s'accorder un jour ou deux de sursis pour que nous passions la veillée de Noël ensemble.

Nous sommes allés à la messe et il m'a emmenée au restaurant. C'était un café-restaurant où nous allions quelquefois prendre un verre. Mais, pour la circonstance, il avait commandé un petit souper. Nous sommes arrivés un peu avant la fin de la messe ; nous étions seuls. On nous a apporté des hors-d'œuvre et un joli poulet rôti. Mon Dieu, qu'il sentait bon, ce poulet ! Seulement, j'avais la gorge si serrée que je n'ai pas pu avaler une bouchée. Ça ne voulait pas descendre : je me serais étouffée.

Je n'ai rien mangé et Joseph était très déçu. Je lui disais : « Mange, toi. Mange ! Moi, je ne peux pas ! » Il me regardait en secouant la tête. Et puis la patronne est venue voir. On lui a expliqué qu'on n'avait pas faim, que c'était l'émotion. Et on lui a demandé la permission d'emporter le poulet pour Joseph qui partait au front. Elle a fait un peu la moue mais elle nous a donné un morceau de journal pour l'envelopper. Et du coup, elle ne nous a pas servi la suite du repas. Vraiment, ce n'était pas nécessaire.

J'ai réussi à boire un peu. On a discuté au sujet de notre emploi du temps avant son départ ; mais on n'a pas pu se mettre d'accord. Il y en avait toujours un qui disait non. Il a donc fallu revenir à l'épicerie. Nous sommes restés dans la cuisine en attendant le matin. Joseph a fait ses paquets, ses musettes. On a encore bavardé un peu, sans entrain.

Il devait repartir par Chavanay et Lyon. Il avait donc huit kilomètres à faire à pied pour arriver à la gare. Nous sommes sortis de l'épicerie vers neuf heures. J'ai fait un bout de chemin avec lui ; et il m'a raccompagnée. On a fait plusieurs va-et-vient, comme des ivrognes qui ne veulent pas se quitter.

En partant, j'avais tiré la porte du magasin sur le loquet et j'avais poussé les volets sans fermer à clé. Et voilà qu'entre-temps des permissionnaires avaient fait la fête avec des filles dans un autre café-restaurant. Au matin, les filles étaient parties et les soldats avaient décidé de manger une salade d'anchois pour faire passer le vin. Seulement, il fallait trouver ces anchois. « Oh ! mais on va taper chez Claudia. Elle se lèvera bien... Elle est peut-être déjà levée... Et ci et ça... » Le fiancé d'une de mes copines a dit : « Oh ! moi, je la connais bien. Si elle n'est pas levée, je la ferai lever ! »

Les autres l'ont délégué aux anchois. Il est allé à l'épicerie, il a « grelotté » partout, il a cogné, il a appelé. Mais personne ne répondait. À force de grelotter à la porte, il s'est aperçu qu'elle n'était pas fermée. Il est rentré en criant comme un putois, si bien que ma grand-mère est descendue. Elle ne savait pas quoi penser de tout ça. Elle a servi les anchois et puis elle s'est mise à me chercher comme une épingle. Naturellement, elle ne me trouvait pas. Et quand je suis rentrée, il a fallu que je m'explique. Elle me regardait parce que j'étais en grande tenue de fête, avec mes bottes qui laçaient jusqu'aux genoux, à huit heures du matin. Elle pensait que je n'avais pas bien bonne allure.

Enfin, j'avais vingt et un ans et je ne me cachais pas. Je crois que la grand-mère avait surtout peur de me perdre. Mais enfin, tant que la guerre durait, je ne risquais pas trop de me marier. Et puis elle a réfléchi. Elle a conclu : « Ah ! oui, Jeury. C'est une famille de braves gens. Son grand-père passait le plat à l'église ! »

Enfance de Joseph

Le jour de sa naissance fut, paraît-il, un jour de malheur. C'était le 29 juin, la pleine saison des foins. Autant dire qu'il arrivait mal. Son père avait été obligé d'embaucher un jeune homme, car sa mère ne pouvait pas l'aider. Ils étaient en train de charger une charretée de foin quand on a appelé le père. Il a laissé le jeune homme avec la charrette et les vaches et il est parti pour venir voir la mère.

En chemin, il se retourne et qu'est-ce qu'il voit ? Son commis, qui n'avait pas voulu rester seul, le suivait avec son chargement en faisant galoper les bêtes ! Le père a levé les bras au ciel. « Oh ! ça m'apprendra à embaucher un jeune de la ville ! Mais qu'est-ce qu'il fait ? Mais qu'est-ce qu'il fait ? » Bien entendu, l'autre ne savait pas mener une paire de vaches. Il est arrivé à la course à un tournant un peu sec et la charrette s'est renversée. Le père est allé dételer les bêtes et il a donné au garçon un travail près de la maison.

La mère avait alors deux grandes filles et elle voulait leur cacher l'événement. Elle s'est réfugiée dans la grange. La sage-femme la poursuivait à travers la fenière. « Mais c'est pas possible : elle va me le perdre ! »

Plus tard, en parlant de Joseph, elle disait : « Mais c'est qu'il voulait naître comme le petit Jésus, dans la paille ! » Et puis le père a envoyé les sœurs chez la tante et la mère a réintégré sa chambre. Tout allait bien... sauf que la charrette était toujours par terre.

Au bout de quelques semaines, on avait ramassé la charrette, mais la mère n'avait plus de lait pour nourrir son fils ; elle a fait une soupe de sa composition et l'en a bourré. Il a attrapé une grosse indigestion. Il a été si malade qu'on a daigné appeler le Dr Vermeri. C'était rare à l'époque qu'on appelle le médecin pour les petits enfants. Les gosses, c'était l'affaire des bonnes femmes. Ce brave docteur tenait Joseph dans ses mains et il le regardait ; et il a dit à la mère : « Madame, vous avez abîmé un centenaire ! »

Tout ça, bien sûr, on le lui a raconté quand il a été grand. Son premier souvenir, c'est une bataille de cochons dans la cour. Dès qu'il a pu marcher, il sortait sur le perron, il descendait l'escalier en se traînant un peu et il rejoignait les bêtes en bas. C'était une grande cour fermée par deux portails. L'été on y lâchait les cochons pour les faire courir et leur donner de l'appétit, mais pas tous à la fois. Ceux qui étaient d'une même nichée ou d'une même étable se connaissaient et ne se battaient pas.

Une fois, il était là, à patauger avec eux : ça se passait bien. Puis il est venu un autre cochon qui n'aurait pas dû être libre mais qui avait forcé sa porte pour rejoindre ceux de la cabane voisine. Et ils se sont mis à se battre en poussant des grognements terribles. Ils ont renversé le petit Joseph, ils l'ont roulé dans la boue et mis dans un triste état. Ses sœurs qui le gardaient ont pris une belle *avoinée* ! Elles avaient onze ans et treize ans de plus que lui ; elles ne prenaient pas trop la peine de le garder. Enfin, les cochons ne l'ont pas mangé et le temps a passé, il a continué de grandir au milieu des animaux.

Ses grands-parents habitaient la maison à côté. Son grand-père était un peu plus à l'aise que les autres parce qu'il avait, à côté de sa propriété, un petit commerce de vin. La grand-mère était une femme énergique et accueillante. Aussi, les mendiants, les chemineaux, les colporteurs, les artisans qui passaient se retrouvaient souvent chez eux pour la veillée.

À cette époque, beaucoup de gens sillonnaient la campagne. Les mendiants allaient en général seuls, avec une besace et un petit ballot. Ils couchaient dans les fermes où on voulait bien les héberger. Sur la paille, naturellement. Les montreurs d'ours étaient souvent deux. Certains marchands ou artisans voyageaient en famille. Ils restaient plusieurs jours dans la même maison. On les faisait travailler et ils bénéficiaient d'un traitement de faveur. C'était le cas des fabricants de toile, des réparateurs ou faiseurs de chaises. Ceux-là avaient presque toujours des gosses. Il y avait le rémouleur, le rétameur...

Les marchands et colporteurs passaient aussi en grand nombre, avec leur caisse sur le dos. Les colporteurs vendaient un peu de tout : du fil, des ciseaux et tout le nécessaire à couture, des couteaux, des onguents, des almanachs... Beaucoup de marchands se spécialisaient. On voyait au moins une fois par an le marchand de parapluies, le marchand de lunettes. Le marchand d'allumettes de contrebande était un personnage important. Il passait très souvent.

Ses allumettes, il les fabriquait souvent lui-même. Il prenait un morceau de plateau de sapin assez épais, bien carré ; il le découpait à la longueur des allumettes ou peut-être un peu plus long, pour former une multitude de petits bâtonnets qui restaient attachés à leur socle. Après, il martelait l'autre côté et les bords. Finalement, il avait quelque chose qui ressemblait à une brosse. On disait d'ailleurs une « brosse d'allumettes ». Il fallait écarter ces petits bouts de bois, les « peigner ». On se servait d'un outil spécial. Après, on trempait les pointes dans une pâte de phosphore et on faisait sécher les brosses.

Quelquefois, les marchands faisaient ce travail dans les maisons où ils s'arrêtaient. Il y avait au pays un nommé Durand qui était un artiste dans son genre. Les enfants aimaient le regarder.

Tous ces gens se rencontraient en chemin et ils arrivaient en bande aux bons endroits. Le grand-père les logeait à la grange et à la maison. Il en prenait tant qu'il avait de la place. La grand-mère s'occupait de les faire manger. Elle attrapait la marmite des cochons, qui était immense, elle la remplissait de pommes de terre et la mettait sur le feu. Quand les pommes de terre étaient bouillies, elle les égouttait et les portait au milieu de la cuisine. Elle ajoutait un gros fromage blanc, une tomme dans sa passoire, avec une salière. Le grand-père apportait un demi-pain de seigle, un seau de vin de pommes ou de piquette, avec le « verre des pauvres », un grand verre épais et pas trop transparent : comme ça, on ne voyait pas ce qu'il y avait dedans. Il ne servait qu'aux gens de passage. Chez les grands-parents, il y avait deux ou trois « verres des pauvres » : ça les classait parmi les gens riches et généreux.

Et donc, tout ce monde mangeait avant d'aller se coucher. Ça bavardait, ça racontait des histoires ; quand Joseph pouvait s'échapper, il venait écouter jusqu'à ce qu'une de ses sœurs s'aperçoive de sa disparition. Quand la piquette était un peu forte, il y en avait toujours un ou deux qui se mettaient à chanter. C'étaient toujours les mêmes chansons ; Joseph ne s'en souvient plus, mais je les connais toutes...

Un colporteur très dévot chantait l'*Angélus du paysan* pour remercier les grands-parents :

Et toi, paysan, prie
Pour le sang généreux de ta vigne chérie !
Et toi, paysan, prie
Pour l'oiseau exilé, sans gîte et sans patrie !

Beaucoup de ces hommes, qui n'étaient plus très jeunes, avaient fait la guerre de 70. On voyait souvent des mutilés qui n'avaient d'autre gagne-pain que leur bâton et leur besace. Cette guerre, ils en parlaient encore vingt-cinq ou trente ans après. Ils ne savaient rien d'autre. Leurs chansons se rapportaient aux événements de la guerre.

Et toi, Bazaine, tu t'es conduit comme un lâche !

Ou bien :

Tant que je serai là, Prussiens,
Je vous défends de blaguer notre Marseillaise...

Et encore :

Ils ont brisé mon violon
Parce que j'ai l'âme française...

Quand ils étaient bien partis, ils ne s'arrêtaient plus. Alors, le grand-père allumait sa lanterne : c'était le signal. Et il emmenait coucher tout le monde à la grange. Il y avait une porte de communication avec la cuisine et ça évitait de passer au froid ; c'était bien apprécié. Il installait ces gens du mieux qu'il pouvait et il revenait avec la lanterne. Jamais il ne la laissait à la grange, à cause des incendies.

Pélussin étant à cinq ou six kilomètres, on a attendu que Joseph ait sept ans pour l'envoyer à l'école. À Pélussin-le-bas, il y avait une institution des Frères des écoles chrétiennes et aux Croix un pensionnat des Frères maristes. Normalement, il aurait dû aller chez les maristes parce qu'il avait un oncle qui réussissait très bien dans cette congrégation et qui a fini directeur-inspecteur général... en Asie, je ne sais où. Il vivait très loin et on ne le voyait pas souvent. Les commères du village qui régentaient tout avaient décidé que chez les frères d'en bas, il y avait plus de discipline et plus de religion. On a mis Joseph en pension en bas.

Ah ! mon Dieu ! qu'ils étaient méchants, ces sacrés frères d'en bas ! Et voleurs, paresseux... ils avaient tous les défauts. Joseph était bien malheureux. On battait les enfants pour un oui ou pour un non. On leur tapait sur la figure, sur les mains, sur les jambes. On leur tirait les cheveux et les oreilles. On les punissait au froid. On les envoyait coucher sans souper... Le directeur était un gros lard qui ne pensait qu'à manger et à dormir. Les frères faisaient ce qu'ils voulaient ; et ils avaient la main lourde.

Joseph ne sortait guère. Sa mère lui apportait son panier deux fois par semaine, le jeudi et le dimanche ; elle lui disait d'être bien tranquille et de bien apprendre, puis elle s'en allait. Souvent, elle lui faisait un « pâté », une sorte de tarte paysanne. Il mettait toutes ces choses dans son placard. Les élèves avaient des placards qui fermaient à clé. Mais la clé devait rester dessus ; et les frères venaient inspecter les provisions. Ils en profitaient pour se servir. Ses pâtés, c'est à peine si Joseph les goûtait.

Il a passé un hiver comme ça. La montagne lui manquait. Et, au printemps, ça a été pire. Il voyait les arbres en fleurs. Il ne supportait plus d'être enfermé. Il a décidé de s'échapper. Mais ce n'était pas bien facile. Mai est arrivé ; on suivait le « mois de Marie » à l'église. On emmenait les élèves à six heures. Ils mangeaient en rentrant, vers sept heures. Il a bien observé ce qui se passait. Il a remarqué que le pensionnat restait vide pendant presque une heure. Tout le monde était à l'église à ce moment, sauf Prosper, le cuisinier civil, qui en profitait pour aller voir sa fiancée en ville.

Et Joseph savait qu'on envoyait au lit les élèves qui se déclaraient malades. Alors, à midi, il a fait semblant de bouder. Il pleurait un peu, il ne mangeait pas. Il a tâché qu'on le voie et ça n'a pas manqué. Le frère Robert s'est amené.

– Qu'est-ce que tu as, toi ? Tu manges pas ?

– Non, frère.

– Pourquoi ?

– J'ai mal à la tête.

– Va te coucher !

C'est ce qu'il voulait ; mais il n'avait jamais pensé que l'après-midi serait si long. Il s'était mis dans son lit, mais il ne s'était pas déshabillé, pour être prêt à partir. Il avait peur que le frère vienne voir s'il allait mieux. C'était long, long. Il avait bien envie de rejoindre les autres en classe. Et il mourait de faim. Il avait sauté le repas de midi et il devait sauter aussi le goûter. À ce moment, quand il a entendu ses copains courir dans le couloir du réfectoire, il a failli abandonner. Mais il avait encore plus envie de revoir ses montagnes ; il a tenu.

Et après... Il y avait encore deux heures à attendre. Personne ne s'est occupé de lui. La récréation du soir est enfin venue. Puis le moment de partir au mois de Marie. Il se disait : « Le frère va peut-être venir et me forcer à suivre les autres à l'église... » C'est sans doute ce qui serait arrivé si quelqu'un y avait pensé. Mais les frères l'avaient complètement oublié. Il écoutait tous les bruits de pas. Il guettait les départs des uns et des autres. Prosper est sorti le dernier, comme d'habitude. Et alors : « Pourvu qu'il ne ferme pas la porte à clé ! » Mais il ne le faisait pas, parce qu'il n'était pas censé s'en aller et un frère pouvait revenir en son absence. Donc, il a seulement tiré la grande porte.

Joseph était seul dans la maison ; il tremblait d'excitation. Il a descendu le grand escalier ses chaussures à la main et son veston sous le bras. En bas, il a enfilé ses chaussures mais il n'a pas pris le temps d'attacher ses lacets. Il est sorti et il a attrapé la rue !

Il a tout de suite senti l'air de liberté. Son cœur battait. Il ne pouvait presque plus respirer. Il aurait fallu le tuer pour lui faire réintégrer le pensionnat !

Mais il devait passer devant la gendarmerie pour prendre le chemin d'Éparvier. Ou alors... Il ne voyait pas bien comment il aurait pu éviter de passer à cet endroit. Ah ! là, il avait peur. Il a hésité. Puis il s'est lancé en faisant bien attention de pas courir. Et les gendarmes ne l'ont pas vu ! Quand il a jugé qu'il était assez loin, il a pris ses jambes à son cou et il a galopé si longtemps que le cœur lui sautait dans la poitrine. Enfin, il s'est laissé tomber derrière une touffe de genêt pour reprendre haleine.

À cette saison, on travaillait tard et, quand il est arrivé chez lui, il a trouvé la famille et le journalier en train de souper. La porte était ouverte. Il s'est arrêté là et il a attendu en baissant la tête. Il était tout rouge et il avait ses lacets qui pendaient. Son père lui a jeté un coup d'œil.

– Tiens, te voilà !

– Oui.

– Qu'est-ce qu'il y a ?

– Rien.

À son air embarrassé, son père a fini par comprendre que ça n'allait pas trop. Joseph a bientôt avoué qu'il était un peu malade. Sa mère lui a demandé s'il avait faim. Eh bien, il avait trop couru ; il était épuisé ; il n'avait presque plus faim. Il a quand même mangé un morceau de rigotte. Il aimait bien les rigottes. Il était content d'être chez lui. Le journalier leur a souhaité le bonsoir. Et la famille s'est mise à interroger Joseph qui ne pouvait même plus pleurer. Il a raconté ses malheurs. Ses sœurs ont dit qu'elles s'en doutaient un peu. Son père ne semblait pas trop en colère. Il a dit :

– Si je n'avais pas écouté les bonnes femmes, on l'aurait jamais mis en bas !

On a demandé à Joseph s'il avait dit aux frères qu'il partait. Il a répondu qu'il ne pouvait pas le dire, parce qu'ils l'en auraient empêché. Le père a souri, puis il a haussé les épaules et il a dit :

– Il faudra les prévenir.

L'aînée des sœurs, la Marguerite, a dit :

– Oh ! ils vont sûrement venir. Quand ils s'apercevront que Joseph manque, ils seront bien ennuyés...

– Alors, il n'y a qu'à attendre.

Ils n'ont pas dû être tellement ennuyés. Ou peut-être n'avaient-ils pas la conscience trop tranquille, les frères d'en bas. En tout cas, ils ne se sont pas montrés avant le lendemain après-midi. Le père avait envoyé ses filles pour les prévenir. Elles ont rencontré deux frères à genoux au pied de la Madone.

Sur la route de Pélussin, il y avait une belle statue de la Vierge où on venait en procession. Et le lieudit s'appelait « la Madone ». Et les deux frères suppliaient la Vierge de leur donner assez de courage pour finir d'arriver à Éparvier.

Ainsi, l'affaire a été réglée. On a mis Joseph chez les maristes. Il a été très heureux ; il n'a jamais eu envie de déserter de nouveau et, à onze ans, il a passé son certificat d'études et son certificat d'agriculture.

Les maristes recrutaient beaucoup dans nos régions. Ils avaient un grand séminaire à Saint-Genis-Laval, dans le Rhône. On voyait parfois des frères courir la campagne dans leur longue robe noire, à rabat blanc : ils cherchaient des garçons. Ils se renseignaient sur les familles les plus religieuses et surtout sur les plus misérables : celles où on avait plus d'enfants qu'on ne pouvait en nourrir.

Ce n'était pas le cas chez les grands-parents Jeury qui avaient de quoi donner à manger à tout leur monde. Mais enfin, le petit dernier, qui serait plus tard l'oncle Michel, on ne savait trop quoi en faire. Il avait une dizaine d'années ; sa sœur et ses frères étaient beaucoup plus âgés. Il était intelligent ; on pensait qu'il aurait pu étudier ; mais on n'avait pas les moyens de lui payer l'école... Les frères sont venus. Ils ont parlé au grand-père qui n'a pas dit non. Puis ils ont un peu cuisiné le garçon. Ils lui ont posé des questions pour voir ce qu'il savait et s'il avait bon esprit. Et puis ils lui ont raconté qu'il s'amuserait bien au séminaire, avec des tas de garçons de son âge. Il a dit qu'il voulait bien y aller. Ils sont très habiles pour ça.

Quelques jours plus tard, ils sont venus le chercher. Il avait un peu réfléchi et ça lui plaisait moins de partir ; mais il n'a pas osé le dire. Il est parti. Et comme il apprenait bien, les frères l'ont instruit. Il voyait sa famille une fois par an.

Plusieurs années après, ses deux grands frères sont allés le voir. Ils faisaient des charrois dans l'Isère. Ils se sont rendu compte qu'ils ne passaient pas très loin du monastère où il était à ce moment, du côté de Beaurepaire. Ils sont arrivés tous les deux. Ils ont été très bien reçus. On les a couchés et nourris un jour et une nuit.

Le lendemain, ils sont repartis. L'oncle Michel les a accompagnés dans le chemin et ils ont pu causer tranquillement. Il devait avoir dix-huit ans à cette époque. Ils lui ont demandé s'il se plaisait au monastère.

– Oh ! oui.

Mais ils ont trouvé tous les deux que cette façon de dire oui n'était pas bien enthousiaste. Ils ont insisté. L'aîné, qui serait plus tard le père de Joseph, a dit :

– Écoute, nous sommes là et nous reviendrons s'il le faut. Ce n'est pas tellement loin de la maison.

Alors, si tu veux quitter les frères et travailler avec nous, il faut le dire !

– Non, je reste. Je veux rester.

Il avait toujours l'air d'hésiter.

– Il faut bien y penser avant de faire tes vœux.

Le père racontait : « Je crois bien que si on lui avait dit une fois de plus de venir avec nous, il nous aurait suivis. Mais ça aurait été dommage ! » L'oncle Michel est devenu frère mariste. Il a très bien marché. Il savait se débrouiller. Il avait toujours eu envie de faire du commerce, comme son père – le grand-père Jeury – qui était moitié paysan, moitié marchand de vin. Ce n'est pas d'être en religion qui l'en a empêché !

Quand Joseph était à l'école, l'oncle vivait en Asie Mineure ; il faisait le commerce des moutons, des peaux et des laines... et probablement de beaucoup d'autres choses. On parlait d'armes et de munitions. Il avait le grade d'inspecteur général des missions. Et puis la guerre de 14 est venue. On l'a perdu de vue. On n'avait plus aucune nouvelle de lui. Sa part des propriétés du grand-père, le père l'a exploitée un certain temps, puis il l'a laissée à leur sœur, qui avait pour ainsi dire élevé l'oncle Michel.

Autant qu'on sache, il est mort à Andrinople, pendant la guerre. On a su par le notaire qu'une somme énorme avait été placée au nom de frère Jeury dans la succursale turque d'une banque allemande. L'ordre mariste a fait des démarches de son côté. Cet argent s'est trouvé sous séquestre en vertu de certaines dispositions du traité de paix. En tout cas, la famille n'en a jamais vu la couleur. Le gouvernement l'a peut-être saisi, à moins que les frères aient réussi à le récupérer...

À l'école des Croix, presque tous les petits paysans étaient demi-pensionnaires : les parents fournissaient la nourriture que les frères faisaient cuire. Sauf le pain. Le pain, les élèves avaient le droit d'aller l'acheter à la boulangerie. Ils sortaient tous les jours à quatre heures, au moment où les externes s'en allaient. Ils couraient chez Jean la Miche, le boulanger, et prenaient une livre « à la coche ». On disait aussi « à l'ouche » : c'est le terme le plus ancien. L'ouche était un morceau de bois fendu d'une certaine façon où on faisait des encoches plus ou moins longues chaque fois que le client prenait une certaine quantité de pain.

Les garçons se dépêchaient d'acheter le pain et après, s'ils avaient des sous, ils allaient à l'épicerie du Casino et même, quelquefois, au bureau de tabac. Ils se mettaient à quatre ou cinq pour acheter un paquet de cigarettes. Au Casino, ils achetaient un litre de vin blanc à huit ou dix. Ils se cachaient dans une ruelle pour le boire à la bouteille, une goulée chacun son tour. Il y en a qui s'étranglaient pour boire un peu plus que leur part. Celui qui s'étranglait devait passer un tour ; c'était la règle. Alors, il fallait faire très attention.

Ils profitaient aussi de leur sortie pour remettre de temps en temps le courrier aux filles du pensionnat. Quelques-unes avaient des amoureux parmi les garçons de chez eux. Une externe faisait la factrice de son côté. Ils se donnaient rendez-vous et ils échangeaient les lettres en vitesse.

Ces frères s'occupaient bien des enfants et ils n'étaient pas méchants. En y repensant, on peut comprendre les hésitations de l'oncle Michel. Il n'avait peut-être pas une forte vocation, mais il était heureux dans son monastère. On ne l'embêtait pas trop. D'un autre côté, ses montagnes lui manquaient...

À Pélussin, il y avait le frère Blanchard, le directeur, qui était un homme extraordinaire. Pour le travail et pour le jeu... Ah ! on travaillait avec lui. Il enseignait à ses garçons l'agriculture en même temps que les matières d'instruction générale. À chaque promenade, il prenait trois ou quatre d'entre eux autour de lui ; il leur parlait, il leur montrait la nature. Il les envoyait ramasser une plante qu'il étudiait avec eux : « Qu'est-ce que c'est que ça ? À quoi tu la reconnais ? Quelles sont ses propriétés ? » Il leur apprenait l'arpentage et les soins élémentaires aux animaux avec les maladies les plus communes. Et aussi tout ce qui touchait la forêt, les diverses espèces d'arbres, le cubage... et bien d'autres choses encore.

Pour le jeu, il avait une spécialité : la glissade. C'était l'hiver, bien sûr. Il surveillait lui-même la confection de la glissière comme si c'était une affaire d'État. Il mettait des assiettes avec de l'eau devant la porte de la cuisine pour mesurer la vitesse de congélation. Quand la température lui paraissait convenable, il rassemblait quelques élèves, il leur faisait ramasser des cendres fines et du sable dans des paniers. Lui traçait avec un manche à balai deux traits parallèles, distants d'une soixantaine de centimètres, sur presque toute la longueur de la cour. Puis les élèves qui avaient des paniers semaient la cendre et le sable tout le long des lignes, de façon à faire deux bourrelets que d'autres tassaient bien avec les mains. Ensuite, on arrosait lentement le sol entre les bourrelets. Finalement, il y avait du travail pour tout le monde. On attendait que l'eau ait gelé pour en verser une deuxième couche. La préparation de la glissière durait au moins une demi-journée, quelquefois la journée entière.

Quand le frère directeur jugeait que la glace était assez épaisse et assez dure, il prenait des galoches sans clous, il relevait le bas de sa robe et allez, rran ! le voilà parti. Il essayait toujours la glissière lui-même. C'était un fils de paysan de la Haute-Loire, il avait l'habitude. Certains frères l'imitaient, puis les grands élèves, puis les petits.

Il organisait une séance à toutes les récréations. Et les récréations duraient un peu plus que d'habitude. Il y avait des rires et des culbutes, et des fonds de pantalons trempés. Le soir, on arrosait de nouveau pour combler les petites rigoles qui se formaient dans la glace. Celle-ci devenait bientôt très épaisse, peut-être vingt centimètres... Seulement, les clous des galoches l'abîmaient beaucoup. Ceux de la campagne en avaient tous. Alors, le frère Blanchard avait décidé qu'on devrait les arracher pour avoir le droit de glisser. Il suffisait d'aller à la remise où un autre frère attendait avec une paire de tenailles. Et les clous volaient. Les parents ne le savaient pas. C'était un secret entre les frères et leurs élèves. Pauvres galoches... Après une semaine de glissades, elles étaient usées ! Le père Jeury n'y comprenait rien.

– Tu as encore perdu tes clous ? Mais qu'est-ce que tu en fais ?

– Je sais pas.

Joseph baissait la tête, pas très fier.

– Tu les manges pas, quand même !

– Oh ! non.

– Tu t'amuserais pas à les arracher, des fois ?

Là, il n'a pas osé répondre. Il a secoué la tête vaguement. Son père l'a bien regardé et peut-être qu'il a commencé à deviner. Mais il n'a rien dit.

Après le certificat, les frères ont mis Joseph au cours supérieur. C'était sérieux. Il commençait à préparer le brevet. Ses parents avaient décidé qu'il était maintenant assez grand pour rentrer à la maison tous les jours : ça lui faisait une bonne heure de marche pour descendre le matin et un peu plus pour rentrer le soir. Pendant l'hiver, il a bien travaillé. Le printemps est venu ; il s'est mis à faire beau et son père a eu besoin de lui. Les Jeury avaient des vignes qu'ils travaillaient « à bras », comme nous, avec une bêche « bigot ». C'était très pénible ; et leurs vignes étaient comme les nôtres loin de la maison. La plus grande se trouvait à la Ribaudie, à quatre kilomètres. Il fallait une heure pour y aller, une heure pour revenir, à peu près comme l'école.

Le père partait le matin à « point d'heure » et Joseph restait pour s'occuper des bêtes ; il les soignait de son mieux parce qu'il les aimait beaucoup. Après, il allait porter du fumier avec le tombereau puis il le répandait. Il bêchait, il commençait à labourer un peu ; il aidait à planter les pommes de terre. Puis le moment des fauchaisons est arrivé ; c'était encore pire. Ainsi, il allait à l'école deux ou trois fois par semaine, l'après-midi. Quand il y allait le matin, il arrivait avec une heure de retard parce qu'il avait dû panser les bêtes. Alors, il dérangeait la classe et il ne suivait plus. Le nouveau directeur, le frère Beaupertuis, a fini par se fâcher. « Bon, dites à vos parents qu'il faut que ça finisse ! » Le père a grogné un peu, mais il n'a pas fait de réflexion. Joseph a pensé qu'il était d'accord pour l'envoyer à l'école plus régulièrement.

Et puis deux jours après, on l'a encore gardé parce qu'une vache était sur le point de vêler.

– Tu partiras cet après-midi !

Il a d'abord refusé. Il en avait assez d'arriver à l'école au milieu de la journée. Finalement, il a obéi. Il est parti. Tout en marchant, il a ruminé la situation. Il se disait : « Le frère va encore t'engueuler et les autres rigoleront ! » Il en avait marre. Au bout de deux kilomètres, il a rebroussé chemin et il est rentré à la maison. Son père a commencé à crier.

– Qu'est-ce qu'il y a ? Pourquoi es-tu revenu ?

– C'est fini. Je vais plus à l'école !

– Ah bon ! Comme tu voudras.

Au fond, il ne demandait que ça. Joseph a posé son cartable et il ne l'a jamais repris.

Il a oublié en même temps son grand rêve de devenir vétérinaire.

De la grippe espagnole au mariage

Un soir, à la fin de l'été 18, mon parrain est passé. C'était mon oncle Étienne, mais comme il était l'aîné, on ne l'appelait jamais par son prénom. On lui donnait son nom de famille : Françon. Et moi, je disais « parrain ». Il m'aimait beaucoup et je lui rendais bien son affection. Ce soir-là, il venait me demander pour les vendanges. Il avait pas mal de vignes : celles du grand-père, et celles qu'il avait plantées à côté. Moi, je ne pouvais pas m'absenter beaucoup, mais j'allais toujours vendanger au moins une demi-journée pour lui faire plaisir. Et puis ça me sortait. C'était mieux que le cimetière... À ce moment, je ne me doutais pas que j'allais prendre un nouvel abonnement pour le cimetière, et sérieux !

Je n'étais pas bien du tout. J'ai dit :

– Non, je suis mal fichue. Je crois que je ne pourrai pas aller aux vendanges cette année !

Il a été très vexé. Il est parti en claquant la porte. Je ne l'ai jamais revu.

Le lendemain, je n'allais pas mieux. J'ai fait ma tournée au magasin comme j'ai pu. Je me sentais de plus en plus malade. J'avais sûrement la fièvre. J'ai décidé de fermer un peu plus tôt et d'aller me coucher. La tête me tournait. Je ne savais pas ce que j'avais. On ne parlait pas de malades et c'était l'été.

Un client est arrivé, le mari d'une copine. Il voulait deux litres de vin. Je lui ai dit :

– Servez-vous. Je ne peux pas me baisser, la tête m'entraîne. Je suis vraiment mal fichue !

Il a tiré ses deux litres, il a mis l'argent sur le comptoir et il est parti. J'ai fermé les portes et les volets en m'appuyant ou en m'accrochant. Je suis passée devant la cuisine de ma grand-mère et j'ai dit :

– Grand-mère, je vais au lit. Je suis malade !

Ma grand-mère a fait un peu la moue et elle n'a pas répondu. Je suis montée me coucher ; elle n'a pas eu l'idée de venir me voir. J'ai passé la nuit à transpirer. Je ne savais pas bien où j'étais. Je n'ai pas pu me lever.

Dans la journée, mon parrain est venu pour vendanger un bout de vigne qu'il y avait dans le parc de la grand-mère. Mais il était en colère contre moi et il n'est pas venu me voir. Ma tante m'a apporté un bol de tisane. Une cousine est passée ; elle s'est montrée sur le pas de la porte et m'a crié de loin :

– Ça va pas, Claudia ?

J'ai répondu :

– Non, pas bien.

Elle n'est pas rentrée. On ne s'est pas occupé de moi. À l'époque, on ne pensait au médecin qu'à l'article de la mort. Et puis notre Russe de Pélussin, on savait bien que ce n'était pas la peine de le déranger. Un jour ou deux plus tard, la fièvre est tombée et j'ai réussi à me lever. J'ai fait un tour au magasin. J'ai entendu dire qu'il y avait des malades à Pélussin.

C'était sûrement la grippe espagnole. Je l'avais échappée belle ! Je n'ai jamais su la vérité sur cette épidémie. Est-ce que c'était une véritable grippe ou autre chose ? Le mot était nouveau. Plus tard, on nous a parlé de « peste des poumons ». En tout cas, les gens se sont mis à mourir comme des mouches. Les femmes enceintes n'en réchappaient guère. Les malades du cœur, les gros fumeurs et gros buveurs, les jeunes filles déficientes ont été fauchés les premiers. On disait : « Ben, une telle est morte. Oh ! elle était enceinte... » On n'en savait pas plus.

Mon parrain a fini de vendanger et, le vendredi, il a décidé d'aller voir ma mère. Je ne sais pas ce qui lui a pris, s'il ne se sentait pas bien ou quoi, il est parti pour Bourchany. Ça faisait trois bons kilomètres. Il ne voyait pas souvent sa sœur. Il est arrivé comme ça, tout seul, avec son bâton et son velours dans ses bottes.

– Hé ! Antonia. Il y a longtemps que je ne t'avais pas vue. Ça m'est venu tout d'un coup. J'ai dit : Je vais la voir. Et me voilà !

Ma mère était très étonnée. Elle lui a dit :

– Jean n'est pas là. Il va arriver et vous trinquerez : tu n'as qu'à attendre un peu.

Jean était mon beau-père. Mon parrain n'a pas voulu attendre.

– Je voulais seulement te voir. Maintenant, il faut que je m'en aille.

Il a bu un coup et il est parti. Le lendemain, il s'est mis au lit. Il habitait dans la montagne avec sa femme et leurs deux gosses, sous les chirats. Les voisins sont venus nous prévenir. Je suis allée chercher le médecin et je l'ai expédié là-haut en le pressant un peu. Je l'attendais quand il est redescendu, mais il n'a rien voulu me dire. Secret professionnel. À mon avis, il n'y avait vu que du feu. J'ai insisté.

– Mais, docteur, si c'est grave, il faut que je m'occupe de leur envoyer quelqu'un pour les aider.

Il a eu l'air de réfléchir. Il n'en savait pas plus que moi.

– Oh ! vous pouvez envoyer quelqu'un.

Je pense bien qu'on pouvait envoyer quelqu'un ! La grand-mère y est montée. Et deux jours après, mon parrain était mort. Il n'y avait personne pour faire les formalités. On a demandé à mon beau-père, la cinquième roue de la charrette. Il a bien été obligé de se déranger. Il est arrivé à la maison, les bras pendants, tout bête.

– C'est que j'ai trouvé personne pour faire le cercueil !

Les menuisiers qui fabriquaient les cercueils commençaient à être débordés. Je suis partie dans Pélussin. Un nommé Devin m'a promis de passer la nuit pour que le cercueil soit prêt le lendemain. J'ai envoyé mon beau-père au cimetière pour la fosse et je suis allée voir les gens qui s'occupaient du corbillard. Ils étaient sur les dents, eux aussi. Je les connaissais un peu ; c'étaient des amis de ma mère. Je tremblais en entrant chez eux. Je ne sais pas si c'était de froid ou d'énervement. Depuis quelques jours, il pleuvait et la température s'était bien rafraîchie. Alors, cette femme m'a versé un verre de rhum. Mais je ne pouvais pas le boire ; ma gorge n'a jamais bien supporté l'alcool. Elle m'a dit :

– Il faut vous forcer. On doit boire de l'alcool pour se protéger de cette maladie.

La maladie, il me semblait que je l'avais déjà eue ; mais je n'étais pas sûre qu'elle ne reviendrait pas. J'ai bu la moitié du verre. C'est tout ce que j'ai pu avaler.

Entre-temps, ma grand-mère avait entendu parler de ça. Elle s'était procuré un litre de rhum qu'elle buvait toute seule dans son coin. Elle n'avait rien dit. Quand j'étais couchée, elle aurait pu en mettre une cuillerée dans ma tisane. Non, elle avait peur de ne pas en avoir assez pour elle. C'est qu'elle avait terriblement peur de mourir !

Et il pleuvait ! Il pleuvait ! Une vraie pluie de novembre, serrée, brumeuse, bien en avance sur la saison, puisqu'on avait à peine fini les vendanges. Les averses succédaient aux averses, presque sans vent. Il y avait de l'eau partout et les cimetières étaient pleins de parapluies. J'avais deux paires de petits souliers qui étaient toujours trempés. Je les tenais au bord du four de la cuisinière, mais je n'arrivais pas à les faire sécher. J'avais les pieds mouillés du matin au soir.

Je me suis occupée de la couronne et j'ai envoyé les télégrammes. J'avais mis : « Enterrement demain dix heures. » Des cousins de Saint-Étienne ont cru que c'était dix heures à la maison. Ils sont montés là-haut. Il n'y avait plus personne. Ils ont couru comme des fous pour arriver au cimetière juste à la fin de la cérémonie. On m'a reproché ça. Je m'étais mal expliquée. Et puis quelqu'un a remarqué qu'on ne disait pas « enterrement » mais « obsèques ». C'est tout juste si la grand-mère ne me faisait pas les cornes ! Et je pensais : « Eh bien, si j'étais morte moi aussi, la semaine dernière, il n'y aurait eu personne pour envoyer ces mauvais télégrammes et ça aurait été aussi bien ! »

Après l'inhumation, on avait prévu un petit repas avec du bouilli, du gruyère et des figues sèches pour ceux qui repartaient, à pied ou par le train. Il faisait mauvais temps et personne n'était bien solide sur ses jambes. Je me tenais sur le perron du restaurant quand j'ai vu passer une femme que je ne connaissais pas bien. Je ne sais pas si c'était une parente éloignée ; en tout cas, elle avait assisté à l'enterrement. Elle m'a souri et elle a continué. Comme je la voyais se traîner bien tristement, je l'ai appelée :

– Venez manger un bout avec nous. On sera contents de vous voir.

La serveuse est arrivée en criant.

– Oh ! vous, c'est pas la peine d'arrêter du monde. On n'a pas assez de pain !

C'était une vieille fille, une ancienne repasseuse qui avait bien mauvais caractère.

– Bon, je vais en chercher.

Et me voilà repartie chez Jean la Miche. J'ai fait un crochet par l'épicerie et j'ai pris tous les tickets que j'avais. Je pensais : « La semaine prochaine, nous serons peut-être morts. Ce n'est pas le moment d'économiser le pain. » Je suis revenue avec deux couronnes de trois livres. La serveuse m'a encore crié dessus.

– Ah ! on vous en donne à vous parce que vous êtes épicière ! Et nous, on peut pas en avoir pour nos clients !

J'ai sorti de ma poche les tickets qui me restaient et je les lui ai tendus.

– Prenez ça et ne nous cassez plus les oreilles !

Il me semblait que c'était la fin du monde et que, bientôt, je n'aurais plus besoin de rien.

Mais la vie a continué. Ma tante était seule, maintenant. Ma mère et ma grand-mère étaient montées la voir. Elle se demandait comment elle allait se débrouiller, avec ses deux enfants, un de treize ans, l'autre de dix. Les gosses n'allaient pas bien, non plus. En rentrant, ma grand-mère soupirait à fendre l'âme. Ce n'est pas qu'elle plaignait tellement son défunt fils. Elle pensait à l'argent qu'il allait falloir débourser pour aider la veuve.

Et puis trois ou quatre jours plus tard, un de leurs voisins s'arrête en passant pour voir ma grand-mère :

– Dites, mère Françon, ça ne va pas fort, là-haut. Je vais chercher les parents de votre belle-fille. Elle est bien malade.

J'ai demandé s'ils avaient appelé le médecin. Le voisin a dit :

– Elle ne veut pas voir le Russe. Elle accepterait peut-être qu'on fasse venir le médecin de Chavanay.

Chavanay, ça fait huit kilomètres de plus. Mais enfin, il fallait tenter quelque chose. J'ai dit :

– Faites-le demander. Je paierai !

Ils sont allés à la poste téléphoner. Il a été convenu que le docteur viendrait à l'épicerie et que je le conduirais là-haut. Il avait demandé une voiture chez la veuve Flachier. On est allé le chercher à Chavanay. Il est donc arrivé à l'épicerie avec son conducteur et ils m'ont mise entre eux deux. Pour monter là-haut, ce n'était pas une petite affaire. Il y avait bien un chemin qui permettait d'arriver jusqu'à la maison avec une charrette à vaches, par temps sec. Mais avec la terre détrempée qu'on avait, ce n'était même pas la peine d'essayer. On y serait restés, et le cheval avec.

Alors, on a laissé la carriole au bord de la route. On a pris chacun son parapluie et on a grimpé le sentier. En général, on comptait vingt minutes pour ce trajet ; mais en pataugeant sous la pluie, on a mis une bonne demi-heure. On enfonçait dans la terre jusqu'aux chevilles. Le médecin, il commençait à souffler menu. Il avait une autre malade à aller voir encore plus haut dans la montagne. Il était bien triste. Il ne disait pas un mot.

On a fini par arriver là-haut. En entrant dans la cuisine, on a vu un homme qui pleurait. C'était le père de ma tante. Elle était morte.

Elle était toute violacée. La grippe espagnole avait cet effet-là sur presque tous les corps. Les paysans disaient : « Ah ! quand on a un mort tout noir, comme ça, c'est qu'il va en mourir un autre ! » Le plus terrible, c'étaient les enfants qui avaient la fièvre et qui déliraient. Le plus jeune avait une crise de somnambulisme. Il marchait en s'appuyant au mur sur la têtière du lit où sa mère était couchée, morte !

J'ai dû aller chercher la couronne à Maclas. Il n'y avait plus un seul article funéraire à Pélussin. Chez nous, on enterrait toujours le matin. Mais bientôt, il y a eu trois ou quatre inhumations dans la journée. Le curé ne pouvait les faire toutes dans la matinée. On s'est mis à enterrer l'après-midi : ça me semblait encore plus sinistre. Et puis l'Église a été obligée de mettre de l'eau dans son vin de messe ! Avant la grippe espagnole, les prêtres refusaient la cérémonie chrétienne à ceux qui étaient morts de maladie sans les sacrements. Mais là, ça allait trop vite. Les gens n'avaient pas le temps de se voir malades qu'ils étaient morts. Au début, le curé renâclait un peu ; et, quand l'épidémie s'est développée, il a arrêté de faire des histoires et tout le monde a eu droit à l'office.

J'ai prévenu mon oncle Jean-Toine. Il n'avait pas pu avoir de permission pour son frère ; il est venu pour sa belle-sœur.

Et puis il y en a eu d'autres ; ça allait de plus en plus mal. J'étais d'enterrement tous les jours, souvent deux fois par jour. Ma grand-mère disait : « Celle-ci ou celui-là, c'était une de mes pratiques, il faudrait bien y aller ! » Et on repartait. Au début de l'épidémie, on disait seulement « la maladie ». Maintenant, on parlait de la grippe espagnole. Quelquefois, cette grippe se greffait sur autre chose, la tuberculose ou une bronchite. Alors, on ne savait pas très bien de quoi les gens mouraient.

Je connaissais une famille de la montagne qui

comptait deux garçons et une fille de mon âge. L'aîné des garçons a été tué au commencement de la guerre. On a rendu le second comme soutien de famille. Il ne se portait pas très bien. Il a attrapé une broncho-pneumonie pas longtemps avant la grippe... Dans ces fermes de montagne, il y avait deux pièces. La fille couchait dans la chambre des parents ; le garçon avait une paillasse de feuilles au grenier, avec une petite couverture ou deux. Il gelait. Et, à cette époque, les broncho-pneumonies, on n'y faisait pas grand-chose. On posait deux ou trois cataplasmes, on brûlait la peau, et après le malade était bon pour mourir. Quand le médecin est venu, il a dit que c'était trop tard. Il avait raison. Le garçon est mort. Le père est allé dans sa grange : il s'est pendu à une poutre. Deux jours après, on les enterrait ensemble. C'est la seule fois où j'ai vu à Pélussin, deux cercueils dans le même corbillard.

Mais, à peu près à cette époque, je suis allée à Saint-Étienne pour voir mon grossiste. Dans une petite rue, pas loin d'un cimetière, j'ai croisé un corbillard tiré par deux chevaux, qui passait au grand trot, avec six cercueils alignés !

Les deux cercueils de Pélussin, je connaissais ceux qui étaient dedans. Et la mère qui suivait derrière, d'un pas saccadé de montagnarde... Le chien était là aussi. Il serrait de près ; il se dépêchait. On aurait dit qu'il avait peur de ne pas pouvoir suivre. Le plus impressionnant, c'est qu'il s'était creusé un vide entre la femme et son chien et puis le reste du cortège. La famille n'avait pas osé se mettre trop près de ces deux malheureux.

Ma grand-mère avait une nièce tuberculeuse. Elle habitait la montagne, pas très haut, avec ses quatre enfants. Son mari était aux territoriaux, dans le régiment de vieux de Saint-Étienne, où servait aussi mon oncle Jean-Toine. Son fils aîné avait une quinzaine d'années. Un jour, il a amené sa mère à Pélussin avec la charrette. Finalement, il était venu un médecin de la ville qui consultait à l'hôpital et les gens venaient le voir. Mais le garçon ne savait pas trop mener ses bêtes qui étaient devenues indociles, avec le père à la guerre. Il a manqué un tournant et il a versé sa mère dans le fossé. Là, elle a perdu connaissance. Il l'a rechargée sur la charrette et il l'a portée à l'hôpital. Elle est morte aussitôt, sans même revenir à elle.

Je me souviens d'une autre qui allait voir le médecin de l'hôpital. C'était une cousine éloignée. Elle avait trouvé la force de rendre visite à ma grand-mère. On se demande comment elle tenait debout. Enfin, la sœur Geneviève la soutenait. Elle avait une bouteille d'eau sous le bras. Elle buvait une gorgée toutes les deux minutes. Elle n'en pouvait plus.

Pendant qu'elle disait quelques mots à la grand-mère, la sœur m'a prise à part.

– Vous êtes parente avec cette femme ? Eh bien, elle est perdue. Elle n'en a même pas pour longtemps !

Mon Dieu, ça se voyait.

Peu à peu, l'épidémie s'est calmée. La vie avait repris tant bien que mal. Tout le monde se traînait. Moi, j'avais perdu le seul homme de ma famille que j'aimais bien et qui me le rendait : mon parrain. Il me restait un petit souvenir de lui : une paire de boucles d'oreilles qu'il m'avait rapportée lors de sa période militaire à Menton, avant la guerre.

Ma grand-mère aimait se rappeler une scène de son enfance. Il était encore tout petit. La famille vivait dans une ferme que je n'ai pas connue. Il y avait une grande cour, avec de hauts murs et un portail à cloche. Un dimanche matin, les parents (c'est-à-dire ma grand-mère et mon grand-père) étaient allés baptiser une petite cousine. On ne l'avait pas emmené parce qu'on n'avait pas de quoi l'habiller en dimanche. Une voisine le gardait. Il écoutait sonner les cloches du village. Alors, il est allé jusqu'à l'étable, il a soulevé un mignon petit agneau dans ses bras. Un agneau de quelques jours... Puis il est allé au portail et il tirait la cloche à n'en plus finir. Ses parents l'ont trouvé en rentrant.

– Mais qu'est-ce que tu fais, Étienne ?

– Je le baptise !

Par la suite, il avait un peu perdu le goût des sacrements. Je l'ai souvent entendu dire, pour se moquer des curés : « Les sapins du Pilat, si vous saviez comme ils sont grands et beaux. Et pourtant, ils n'ont jamais été baptisés et ils n'ont jamais fait de première communion ! » Mais il avait bon cœur ; et, depuis la mort du grand-père, il était le seul de la famille qui ne refusait jamais une aumône.

Joseph est revenu en permission en août 18. Les Allemands tiraient sur Paris. C'était l'époque de la grosse Bertha. Et là, à Pélussin, nous avions l'impression que ça allait mal. Et tout à coup, il me dit :

– Ça va finir ! Ça va finir !

Je lui ai demandé si nous étions perdus.

– Mais non. Nous l'avons gagnée, la guerre. Elle est gagnée depuis Verdun !

Et un matin, on a appris l'armistice. Personne ne savait bien ce que ça voulait dire. Quand le facteur est passé, les cloches sonnaient à toute volée. Je lui ai demandé :

– Est-ce que c'est la fin de la guerre ?

– Ah ! l'armistice, c'est quand on arrête la guerre pour parler ou ramasser les blessés. Ça veut rien dire !

Le journal annonçait l'armistice à onze heures et personne ne disait que c'était la fin de la guerre. On a passé une bien mauvaise journée à ne rien savoir. On voyait quelques soldats qui traînaient dans les cafés. Mais ils étaient un peu éméchés et ils ne savaient rien de plus que nous. Les femmes descendaient de la montagne. Elles venaient nous demander ce qui se passait ; mais on ne pouvait pas trop les renseigner.

Deux jours après, il y a eu des lettres du front. Les soldats disaient à leurs fiancées : « Ça y est, c'est fini. On va pouvoir se marier ! » Et puis les territoriaux ont commencé à rentrer. Joseph était en Belgique : il faisait la poursuite ; il n'a pas écrit dans les premiers. Enfin, c'était fini ; on n'attendait plus le courrier avec la même anxiété. Mon oncle est revenu. Il a essayé de relancer son commerce. Mais il n'avait plus de clientes. Et il ne trouvait plus de beurre ni de fromage à acheter. Ma grand-mère lui faisait des reproches. On commençait à comprendre que plus rien ne serait comme avant. En ville, les commerçants en automobile avaient pris la place.

À l'épicerie, j'ai été la première à avoir du sucre à volonté. Là, pendant quelque temps, j'ai eu des clients. Puis ça a ralenti. J'avais commandé une deuxième balle : il m'en est resté pour les confitures.

Le commerce ne reprenait pas vraiment. Les soldats qui rentraient trouvaient leurs propriétés, leurs bâtiments et leur matériel en triste état. Eux, ils étaient épuisés, sans courage. Et puis on comptait les morts, les blessés, les mutilés. On chantait alors *les Yeux clos* :

Quand je revins du combat les yeux clos,
On me plaignit, je répondis sans artifice :
Plaignez les morts qui dorment dans l'enclos.
Ils ont bien fait le noble sacrifice.
J'ai vu la gloire au sein de nos armées,
J'ai vu s'enfuir les canons ennemis.
Pourquoi me plaindre alors qu'il m'est permis
De tout revoir les paupières fermées ?

Heureux ceux qui revenaient les yeux ouverts et les quatre membres en bon état. Heureux les paysans qui trouvaient en rentrant quelques animaux élevés par leur femme ou leurs enfants, une charrette qui roulait et une toiture pas trop percée... Joseph est revenu en mai 19, comme fils de veuve. Il n'a rien trouvé de tout ça. Il n'avait plus de bêtes ; la propriété était en friche et les bâtiments avaient besoin de grosses réparations.

Les choses traînaient ; la vie ne pouvait reprendre son essor. Le commerce ne marchait pour personne. Il y avait un malaise général. Les paysans de la montagne étaient dans les dettes jusqu'au cou. Les usines travaillaient ; mais les patrons avaient dû se passer des paysannes pendant toute la guerre ; ils avaient fait venir des femmes des régions voisines. Ils n'étaient pas toujours prêts à embaucher de nouveau les filles du pays. J'avais gardé l'épicerie, mais je m'en sortais de plus en plus mal.

Je préparais mon mariage. Nous n'étions pas très pressés, car l'avenir s'annonçait plutôt sombre. Il fallait s'occuper des vêtements. Tout ce qu'on trouvait était cher et de qualité médiocre. C'étaient des vêtements légers. Nos tissus d'avant-guerre avaient disparu. On n'arrivait plus à s'habiller comme il faut.

Enfin, j'avais une couturière. C'était la femme d'un garçon boulanger qui avait travaillé à Pélussin avant de partir pour Saint-Étienne. Elle revenait de temps en temps et elle me faisait quelques travaux, quelques petites choses. On a décidé que j'aurais une robe noire – il était de rigueur de s'habiller en grand noir – le corsage en crêpe de Chine, monté sur perles, et la jupe en velours. C'était assez joli ; mais ça tirait un peu sur la poitrine. Nous n'étions pas trop expertes... Tout cela, c'était en hiver et il me fallait un manteau. J'en ai acheté un à Pélussin qui ne me plaisait guère, mais je n'avais pas le choix. Comme chaussures, j'avais des bottes à lacets, très à la mode. Mais quelle comédie pour les lacer ! Ma modiste m'a fait un chapeau de velours, garni d'une cordelière de perles... Et voilà.

Pour Joseph, j'ai trouvé un tissu de serge noire, un peu fin. Le tailleur ne se décidait jamais à le faire. Le jour du mariage, la veste n'était pas finie. C'était quand même mieux que s'il avait manqué le pantalon ! Tant pis. Il a trouvé un pardessus à Pélussin-Notre-Dame. Finalement, il avait donc son pantalon de costume, son pardessus et un beau chapeau gris. Mais sous le pardessus, il n'avait pas trop chaud.

Le maire nous avait fait dire qu'il travaillait à sa vigne et qu'il ne pouvait pas être là avant cinq heures de l'après-midi. À cinq heures, début janvier, il fait nuit... Il y avait trop de veuves et d'orphelins pour qu'on pense à faire la fête. Seuls nos proches ont assisté à la cérémonie. Après, on a bu le vin vieux et mangé des gâteaux au café voisin de la mairie. Ce n'était pas très gai. On ne pouvait s'empêcher de penser aux absents : mon parrain, mort de la grippe espagnole, le beau-frère de Joseph tué à la guerre, tous ceux qui n'étaient pas revenus... Il commençait à se faire tard. On s'est séparés comme ça, sans plus d'histoires en se disant à demain matin. On a distribué pas mal de dragées et on est tous partis dans la nuit.

Les dragées, c'était important. Il fallait en donner aussitôt la promesse officielle. Ça coûtait un argent fou. Moi qui en vendais, j'avais toujours quelqu'un au magasin qui me disait : « Et moi, je ne les ai pas goûtées ! Donne-m'en une pour mon gosse ! Et une pour mon mari... » Tout le monde avait sa poignée, mais ça m'a coûté cher.

Le lendemain, on a distribué les dernières. À sept heures du matin, il faisait à peine jour. Joseph regardait la clarté de l'aube par les vitraux. J'ai cru qu'il allait se mettre à siffler ! Ah ! l'église n'était pas pleine. Heureusement, il y avait quelques vieilles femmes le long des murs, des habituées qui faisaient nombre. La cérémonie a été encore plus vite finie que la veille. Après, nous sommes allés boire un café chez un couple de nos amis, marié depuis deux ou trois jours. Là, on a décidé qu'on avait envie de voir des parents à Saint-Étienne. Ma grand-mère nous a préparé un petit déjeuner. Je lui ai dit : « Ferme donc le magasin et reste tranquille jusqu'à ce qu'on revienne. On n'en a pas pour longtemps ! »

Nous avons pris le train d'onze heures. À l'arrêt facultatif de Bourchany, voilà ma mère qui monte. Elle allait au marché à Rive-de-Gier ou Saint-Chamond. Elle s'est mise à nous accabler de recommandations. « Économisez bien votre argent. Vous en aurez besoin ! » Nous avons fait comme si nous n'entendions pas. Nous avons mangé au restaurant et nous sommes allés voir les cousins.

Après, en baguenaudant vers la place Carnot, nous avons aperçu des baraques foraines. Entre deux manèges, une enseigne indiquait un « musée anatomique ». Joseph a dit : « On va aller voir ça ! C'est sans doute pas bien extraordinaire, mais enfin... »

Il y avait une nuée de gosses. On les faisait entrer dans une petite pièce en arrivant où ils ne voyaient presque rien ; et ça ne les contentait pas. Ils profitaient de l'entrée des grandes personnes pour essayer de mettre leur petit nez. Ils voulaient voir, ils voulaient voir !

Nous avons fait la visite de cette baraque. Comme musée, ce n'était pas très complet, je suppose. Enfin, il y avait beaucoup de choses qui m'ont impressionnée : l'accouchement, le bébé, les malformations, les maladies... ce genre de choses. C'était beaucoup à la fois pour moi ! Joseph ne regardait pas les sujets. Il regardait ma figure pour voir ce que j'en pensais. J'étais rouge comme une pivoine et il se moquait de moi. Eh bien, c'était la première fois que je voyais ça... Après, nous sommes allés voir d'autres cousins et nous avons couché dans un petit hôtel du côté de Valfleury. Nous sommes restés deux jours et nous sommes rentrés.

Ç'a été notre voyage de noces.

Et la vie a repris son cours.

Épisodes mystérieux et personnages extraordinaires

À la fin du siècle dernier, le guérisseur Savarin était célèbre dans tout le pays, de Lyon au Puy, de Saint-Étienne à Annonay, et bien plus loin, jusque dans la Drôme et l'Isère. Il habitait dans le massif du Pilat, entre le hameau de la Ferme de Saint-Sabin et la Grande-Chaumienne. Il tenait ses dons d'un pauvre, d'un mendiant qu'il avait rencontré en gardant ses chèvres et ses brebis. Enfin, c'est ce qu'on racontait.

Il avait trouvé ce vieux au bord d'un chemin, à moitié mort, les jambes couvertes de plaies, avec d'autres blessures aux mains et à la figure. Ça avait l'air de morsures. Les gens d'un hameau ou bien quelques bergers avaient peut-être lancé leurs chiens sur ce mendiant. Et, on ne sait pourquoi, les bêtes s'étaient acharnées. Savarin l'a emmené chez lui, c'est-à-dire chez ses parents, parce qu'il était encore jeune. Il l'a emmené ou il l'a porté. Le pauvre vieux était trop mal en point pour marcher. En arrivant, il a commencé à aller mieux. La mère du jeune Savarin s'est mise à le soigner.

Là, il s'est passé une chose tout à fait mystérieuse. La mère Savarin mettait du linge propre sur ses jambes et elle voyait ses plaies qui guérissaient à mesure. Elle était très effrayée, mais elle n'a rien dit. Elle devait se demander si ce pauvre mendiant était un ange ou un diable. Gageons qu'elle n'a pas trop bien dormi, cette nuit. Le lendemain matin, l'homme était sur pied. Ses jambes étaient guéries et il n'avait pas l'air si vieux. Avant de s'en aller, il a pris à part le jeune Savarin et il lui a dit :

– Tu as été bon avec moi. Tu as fait tout ce que tu as pu. Vous m'avez bien soigné, tous. Alors, je vais te donner un secret pour soigner les autres...

Un secret, oui, c'est tout ce qu'on en sait. Et c'était bien vrai, puisque Savarin est devenu guérisseur. Il soignait tous ceux qui allaient le voir et il se déplaçait même très loin. Il a réussi des guérisons extraordinaires mais véridiques, certaines parmi des gens que nous connaissions ou même des personnes de la famille.

Ainsi, Marguerite, la sœur de Joseph. Elle était fillette ; elle avait peut-être une dizaine d'années et Joseph n'était pas né. Elle avait quelque chose à la jambe, un renflement, un genre de gros bouton : ça faisait mal et elle avait de la fièvre. Je ne sais pas si on l'avait montrée au médecin. Je ne crois pas. Le médecin, à l'époque... Et Savarin consultait à Maclas, les jours de marché. C'était le jeudi. Il descendait au principal restaurant. On lui louait une chambre pour recevoir les gens et quelquefois, il y avait une queue jusque sur la place. On lui a donc amené la Marguerite. C'est le père qui l'avait accompagnée.

Savarin a posé des questions. On lui a expliqué. Tout ça en patois. C'était bien commode pour les paysans, le patois. Alors, Savarin a dit :

– *J'veu c' qu'oulé...* (Je vois ce que c'est.)

Il a commenté pour le père :

– C'est un charbon bénin.

Il parlait très lentement, très doucement.

– C'est un charbon bénin... Il te faut t'en aller tout de suite. Tu as des vaches ? Si tu en as une jeune, tu vas la guetter en attendant qu'elle bouse. Quand il y aura une bouse, tu la prendras toute chaude, tu la mettras dans un linge propre et tu l'appliqueras sur la jambe, là, sur le bouton. Et il te faut te dépêcher parce que c'est une méchante maladie !

On a remonté la Marguerite sur le char à bancs du voisin qui l'avait amenée et ils sont remontés à Éparvier. Et aussitôt que possible, le père a fait ce que Savarin lui avait dit. Plusieurs fois. Le soir, la Marguerite allait un peu mieux. Elle ne souffrait plus. Le lendemain, elle était guérie. Et, charbon bénin ou pas, ça ne s'est plus jamais connu.

Des gens riches étaient venus de loin avec une voiture à deux chevaux pour montrer leur jeune fille à Savarin. De plus loin que Lyon, d'après ce qu'on disait ; il leur avait fallu plusieurs étapes pour arriver au mont Pilat.

La jeune fille ne pouvait plus rien prendre ; elle avait faim, mais son estomac ne supportait plus la nourriture. Elle n'avait plus aucune force ; elle était pour ainsi dire mourante. Savarin l'a simplement fait étendre sur le lit. Il lui a posé la main sur l'estomac, par-dessus la robe, bien sûr. Il a un peu touché et il a fait :

– Ah, ah !

Il a souri et il a dit aux parents :

– Maintenant, vous pouvez lui donner à manger, mais bien peu. Un petit bouillon pour commencer. Puis, dans deux heures, vous lui donnerez un peu plus. Ce soir, vous lui donnerez un peu de pain...

– C'est qu'on a vu des grands médecins, a dit le père, et ils n'ont pas pu trouver ce qu'avait notre fille.

– Votre fille, elle est guérie, a répondu Savarin. Ça, un grand médecin le trouverait peut-être bien. Mais il ne faudra pas lui donner à sa faim. Il y a trop longtemps qu'elle n'a rien mangé !

Et ça s'est passé comme ça. Ces gens sont restés sur place deux ou trois jours, à Maclas ou je ne sais pas où. Quand ils sont repartis, leur fille mangeait comme avant. Elle était guérie.

Savarin soignait beaucoup de gens, de toutes sortes de façons. Quelquefois, il prescrivait un traitement, par les plantes ou les « remèdes de bonne femme » ; quelquefois, il donnait des remèdes de pharmacie et, quelquefois, il se contentait de faire certains gestes...

Il guérissait souvent toute une famille. Il avait

soigné trois frères, qui étaient des gens peu recommandables. Il les avait tous guéris de quelque chose, ce qui leur permettait de se livrer à leur activité de voleurs de grand chemin. Ils guettaient les paysans qui revenaient de la foire ou du marché avec une bourse bien pleine. C'est-à-dire qu'ils surveillaient ceux qui avaient fait des affaires, qui avaient vendu des animaux et surtout ceux qui avaient bu un bon coup et qui n'étaient pas capables de se défendre. Alors, ils leur tombaient dessus, leur prenaient leur bourse ou leur porte-monnaie, ils les battaient comme plâtre et ils s'en allaient.

Un des trois a pensé que Savarin devait avoir les poches bien pleines quand il revenait du marché où il avait reçu beaucoup de paysans. Il a décidé de l'attaquer tout seul, car ils se mettaient rarement ensemble pour faire leurs coups. C'est peut-être pour ça qu'ils n'étaient jamais pris. Un soir, il l'a donc pisté au retour de Condrieu, dans le Rhône. Il l'a rejoint dans un endroit désert et il l'a jeté à bas de son cheval. Savarin voyageait toujours à cheval. À cette époque, il commençait à être vieux et l'autre brigand croyait qu'il n'en ferait qu'une bouchée. Il a été pris par surprise, il est tombé par terre, mais il s'est défendu. Il a fait quelque chose au bandit sur le côté gauche de la poitrine. Le bandit est resté étendu, comme s'il ne pouvait plus bouger. Savarin lui a dit :

– Mais tu peux bouger. Il faut te lever et t'en aller. Si tu as des affaires à arranger chez toi, il te faut le faire. Et puis tu pourras dire adieu à ta famille, parce que tu n'en as pas pour bien longtemps !

Le bandit est parti. Il est rentré en traînant la jambe. Trois jours après, il était mort.

Seulement, avant de mourir, il avait fait ce que Savarin lui avait dit et, en même temps, il avait parlé. Et cette histoire est venue aux oreilles des gendarmes ; il y a eu une enquête et les deux autres frères ont été arrêtés.

Le plus curieux c'est que cet homme qui n'avait jamais été à l'école et qui ne savait ni lire ni écrire donnait souvent des remèdes de pharmacie. Il a aussi soigné ma mère à l'époque où elle portait mon frère. Elle était atteinte d'une mauvaise diarrhée et elle ne pouvait pas s'en débarrasser. Un jour, elle a suivi mes grands-parents à Maclas et elle a vu Savarin. Il lui a donné un remède de pharmacie et elle a été guérie au bout de quelques jours. Comment pouvait-il connaître ces remèdes ? Il avait tout ça dans la tête !

De notre temps, il y avait aussi les jeteurs de sorts. On accusait surtout les maquignons. Ils allaient voir une vache et ils proposaient un prix. Quelquefois, le propriétaire ne voulait pas la donner. Ils discutaient.

– Alors, tu me la laisses ?

– Non, c'est pas assez cher. Je verrai quelqu'un d'autre.

– Ah ! ça, ça pourrait bien te porter malheur. Elle profitera pas, ta bête, tu verras !

On disait qu'ils avaient des trucs. En tâtant une vache pour voir si elle était bien grasse, bien bonne, ils lui enfonçaient une aiguille dans le poitrail. Une petite aiguille de rien du tout, mais elle restait sous la peau, puis elle allait toujours en s'enfonçant et la bête périssait. D'autres, des vieux, croyaient que c'était un secret : des mots qu'il leur suffisait de prononcer. Ils n'avaient pas besoin d'aiguilles ; les mots portaient malheur et les animaux mouraient.

Les paysans n'aimaient pas faire rentrer un marchand de bestiaux à la grange. « Ah ! jamais de la vie. Faut pas les faire rentrer, ces gens-là ! » Beaucoup avaient une peur affreuse des dons et des sorts. Et quand un marchand avait donné un prix, on lui laissait la bête : ça valait mieux. « Si on en appelle un autre, ça nous portera malheur. Elle périra... » Les maquignons en profitaient. Vraies ou fausses, ces histoires les avantageaient. Avec ou sans leurs aiguilles, ils rigolaient de la peur des paysans.

On faisait bénir les granges, et les bêtes par la même occasion. C'était pour éviter les incendies et les épidémies ; ça pouvait peut-être servir aussi contre les jeteurs de sorts. Il y avait un nommé Désiré qui voyageait dans la campagne avec une cruche d'eau bénite. Une petite cruche de deux ou trois litres qui ressemblait un peu à un arrosoir, avec une poignée, un bec et un couvercle. On en avait de pareilles dans toutes les maisons pour porter l'eau fraîche aux champs ou à la vigne.

Il remplissait sa cruche le matin au bénitier de la paroisse. Il prenait une branche de genêt en guise de goupillon. Il suivait régulièrement toutes les maisons. Il bénissait les gens, les bâtiments et les animaux. On lui donnait quelques sous. À midi, il avait droit à la fricassée de truffes.

Un jour, il avait posé sa cruche au coin d'un mur, vers le bout du village. Les gosses ont fait provision de pierres et ils ont fracassé la cruche. Le pauvre Désiré était bien malheureux : ça coûtait un franc, un franc cinquante suivant la dimension, une cruche comme ça. Les gens du voisinage lui en ont payé une autre. On l'aimait bien et on pensait qu'il rendait service. On croyait à l'utilité de l'eau bénite pour protéger les granges et le bétail. On avait surtout peur des incendies allumés par jalousie et par vengeance. On citait des cas. Je ne sais pas s'il y en avait beaucoup ; mais les gens avaient peur.

On commençait à s'assurer. Mon père a pris une assurance à La Protectrice, à l'époque où je suis venue habiter Bourchany. Il payait vingt-cinq francs par an : ça faisait une belle somme. On lui a donné une plaque en fer, avec le nom de la compagnie, et il l'a mise sur le portail de la cour, comme on faisait à l'époque. C'était pour dégoûter les gens qui mettaient le feu. Ça voulait dire : « Eh bien, si vous nous faites brûler, on touchera de l'argent et ça ne sera pas si terrible que vous voudriez... » Nous avions des voisins qui étaient assurés au Nord. On voyait aussi des plaques de la compagnie Le Soleil. C'était sans doute une meilleure protection que l'eau bénite parce que, vers cette époque, les incendies ont beaucoup diminué. Mon père lisait un article à ce sujet dans son almanach. Je crois que c'était *Mathieu de la Drôme*. Il était très fier. Il disait : « Maintenant, on n'a plus peur du feu ! » Ma mère secouait la tête en grommelant : « Vingt-cinq francs, quand même... » Et puis on avait toujours un peu peur. Cette histoire d'assurance, c'était presque trop beau pour être vrai.

Comme les prévisions météorologiques des almanachs... Les almanachs étaient à peu près les seuls livres qui entraient à la maison, en plus de mes livres de classe qui étaient assez méprisés. Je me souviens de *Mathieu de la Drôme,* le préféré de mon père. Il y avait aussi *le Chevalier boiteux, le Pèlerin, le Père Benoît,* l'*Almanach des missions*... Ils donnaient tous des recettes médicales, surtout contre les rhumatismes, le pipi au lit, les migraines... On y trouvait des recettes de cuisine et bien d'autres choses. Je me souviens que *le Père Benoît* donnait pour toute l'année le temps qu'il ferait chaque jour. Aujourd'hui, beau temps... demain, pluie... après-demain, brumeux... Ça ne concordait pas bien souvent.

Du calendrier au saint, il n'y a pas loin.

Saint Hubert était grand chasseur. C'était un riche seigneur et il aimait surtout la chasse à courre. Un jour, il a manqué la messe pour aller à la chasse. Il s'est mis à poursuivre un cerf. À un moment, le cerf s'est retourné vers lui : une croix lumineuse brillait entre ses bois. Saint Hubert est tombé à genoux et a juré de ne plus jamais chasser. Il s'est fait religieux. Je ne sais pas ce qu'il faut croire de cette légende. Mais la chasse en l'air, je l'ai vue et entendue. C'est un phénomène extraordinaire et personne n'a jamais pu m'expliquer ce qui produisait ça.

C'était vers la fin d'avril. C'est une chose très impressionnante. On y voit d'abord une énorme masse qui roule dans l'atmosphère. Et ça siffle, ça corne, ça fait un bruit terrible. C'est le bruit qui donne l'éveil. Les deux fois, c'est ce qui m'a fait lever la tête. J'ai entendu : rrrrrow ! rrrrrow ! Comme le vent qui précède l'orage, mais beaucoup plus fort. Et le temps était clair. Il n'y avait pas d'orage en vue. J'ai levé la tête et j'ai vu comme une tête de bête en l'air, avec le poitrail d'un énorme chien. Et puis une sorte de boule... un gros tas de quelque chose qui roule... ça va toujours en roulant et ça part très vite dans l'atmosphère... C'est jaunâtre, brillant. À certains moments, c'est très long ; à d'autres, ça raccourcit.

La première fois, j'ai vu surtout ces têtes de chiens. C'est la spécialité du phénomène, les têtes de chiens. Elles sont toujours en avant. La deuxième fois aussi. Il y avait un cerf et une meute de chiens... et, derrière, une longue traînée de nuages. J'ai entendu ce rrrrrow ! rrrrrow ! et aussi des aboiements, des bruits de trompette ou je ne sais quoi.

Les gens disaient qu'on voyait d'abord quelqu'un qui portait une bannière, puis une croix au-dessus. Moi, je ne peux pas affirmer avoir vu la croix... Et ça roulait dans la direction du nord. Toujours dans la direction du nord.

Et après le saint, les diables...

Le grand-père maternel de Joseph, son grand-père de la Rivorie, était allé à la foire à Pélussin. En s'en allant, il était passé par Éparvier pour boire un coup et puis un autre par-dessus. Il était reparti à la nuit tombée.

Alors, il a décidé de passer par Mamette pour raccourcir. C'est un endroit boisé par les Roland, un peu n'importe comment. C'est assez sauvage et presque toujours désert. En arrivant par là, il a aperçu un petit agneau qui bêlait et se traînait sur le bord du chemin. Un agneau noir... c'était plutôt rare, mais il en avait déjà vu quelques-uns. Il avait un air bizarre, cet agneau, en plus de sa couleur. Mais enfin, c'était la nuit, on n'y voyait pas assez pour bien juger.

Le grand-père s'est penché pour ramasser l'agneau. Il l'a pris dans ses bras, sans que l'animal essaie de se débattre. Il était tout maigre et ne pesait pas bien lourd. Alors, le grand-père a décidé de l'emporter chez lui en se disant qu'il le sauverait et qu'il l'élèverait peut-être.

Il a commencé à monter vers la Rivorie avec l'agneau dans ses bras. Un moment après, il s'est dit : « Cette bestiole est bien plus lourde que je croyais ! » Il l'a mis sur ses épaules. À mesure qu'il marchait, l'agneau devenait plus lourd. Il approchait de chez lui et il commençait à voir la croix qu'il y avait à l'entrée du village.

Quand il est arrivé avec sa charge au pied de la croix, l'agneau pesait plus qu'un sac de plomb. Le grand-père n'en pouvait plus. Il l'a laissé tomber là en disant en patois :

– *Dziable te péze !*

L'agneau a répondu en sautant sur ses pattes :

– *Dziable je soï !*

Et il a filé comme le vent en s'éloignant de la croix.

Et quand on racontait ça, on disait : « Heureusement qu'il y avait cette croix sur le chemin, sans ça le grand-père aurait rapporté le diable à la maison ! » C'était peut-être pour expliquer aux enfants que toutes ces croix étaient bien utiles.

Mais cette histoire s'est passée aussi à Valfleury, avant d'arriver à Croix-Blanche, cette immense croix qui se trouve sur les hauteurs de Valfleury... il y avait aussi un bonhomme qui avait bu un coup et qui s'était attardé. Il avait trouvé un agneau noir et il l'avait pris dans ses bras pour l'emporter chez lui. Plus il se rapprochait de la croix, plus l'agneau devenait lourd. Au pied de la croix, il ne pouvait plus le porter. Il l'a posé en disant : « Diable, tu pèses ! – Diable je suis... »

On la racontait aux quatre coins du monde, celle-là. J'ai eu tellement peur de ces histoires que ça m'a possédée toute ma vie... C'était pour montrer aux enfants que le diable était partout, mais que les croix nous protégeaient bien. Et les grandes personnes qui le racontaient y croyaient un peu.

La mère de Joseph ne croyait guère au diable ni aux revenants... Quand ses filles étaient petites, elle restait souvent à la maison, surtout quand les hommes allaient à la vigne. À une époque, les Jeury avaient tué le cochon et mis la viande au saloir. Tout était à peu près en ordre. Le soir, la mère s'amusait avec ses deux petites et elle entendait tout à coup : pan, pan, pan ! pon, pon, pon !

Le bruit revenait toujours à la même heure et ça

commençait à l'inquiéter. Avant la nuit, elle regardait par les fenêtres, elle bouchait les fenestrons avec de la paille. Puis, quand elle entendait le bruit, elle prenait sa lampe à huile et elle montait au grenier. Il n'y a pas beaucoup de femmes qui auraient fait ça, en ce temps. La mère n'avait peur de rien. Mais quand elle arrivait au grenier, le bruit cessait... Quand elle était de retour en bas, ça recommençait. Et ça durait longtemps, tous les soirs.

Elle en avait parlé au village. Les femmes avaient conclu que c'était un revenant, une âme en peine, quoi, un défunt qui demandait quelque chose, peut-être une messe. Toutes les voisines conseillaient de donner une messe. Mais la mère disait qu'elle avait donné toutes les messes qu'il fallait et qu'elle avait besoin de ses sous pour nourrir ses filles et les habiller. On lui disait : « Ma pauvre, il faudra y venir. Vous verrez. Il faudrait interroger le défunt pour savoir ce qu'il veut. »

Il y avait même une voisine qui en avait parlé au curé. Mais le curé ne voulait pas s'en mêler. Une autre connaissait une espèce de sorcière qui interrogeait les défunts. Elle proposait de la faire venir. Mais la mère haussait les épaules et disait qu'elle voulait garder ses sous. On commençait à trouver que c'était mal et on la regardait de travers.

Et tous les soirs, le bruit recommençait. Elle recommençait à guetter. Elle montait au grenier avec sa lampe à huile. Elle ne voyait rien, mais elle ne se décourageait pas.

Et puis elle s'est dit que la méthode n'était peut-être pas bonne, parce qu'elle ne montait pas assez vite au grenier et qu'elle faisait aussi du bruit dans l'escalier. Alors, un soir, elle est montée au grenier avant l'heure des revenants.

Elle a entendu un petit bruit en arrivant et plus rien. Elle s'est appuyée sur un grand bahut où on mettait le grain autrefois. Elle s'est cachée là et elle a attendu. C'était presque l'heure où le père arrivait de la vigne et il ne se passait rien dans le grenier. Mais elle a attendu.

La lampe à huile était posée sur le plancher. Elle éclairait un peu, pas très loin. La mère s'est dit : « Si la lumière empêche ce diable de venir faire son bruit, c'est pas un diable bien terrible ! »

Et, tout à coup, elle en a vu un dans la lueur, et puis un autre. Ils avaient des têtes fines qu'ils tournaient d'un côté et de l'autre. Et ils balançaient leurs longues queues. C'étaient des rats ! « Ah ! vous êtes des jolis ! » a dit la mère. Ils avaient faim ; la lumière leur faisait bien un peu peur, mais ils ont repris leur manège habituel. Ils ont sauté sur le saloir. C'était un grand coffre à deux portes ; mais celui-là avait un défaut, un gond cassé à une porte. Et la porte bougeait en faisant ce bruit quand les rats passaient dessus.

Le lendemain, le père a arrangé le saloir et l'a changé de place. La mère a transporté ailleurs une partie de sa viande salée et ça en a été fini avec les revenants. Mais on n'a rien dit aux femmes du village. Elles ne l'auraient pas cru et elles auraient pensé que les parents étaient des mécréants et ça leur aurait causé du tort.

Plus tard, la mère a dit simplement qu'on n'entendait plus rien. Alors, les femmes ont fait des mines et ont chuchoté derrière son dos qu'elle avait fini par payer une messe au défunt qui revenait, mais qu'elle ne voulait pas l'avouer.

Les fées, on les voyait comme des diablotins femelles.

Le Coucou habitait à La Chaize, une commune proche de Pélussin, sur la route de Maclas. Il vivait chez sa sœur et son beau-frère. Il ne travaillait pas beaucoup. C'était un tafa. Sa principale occupation, c'était d'imiter le chant des oiseaux. Il avait une préférence pour le coucou. Au printemps, dès les premiers beaux jours, les paysans qui faisaient du bois aux environs, revenaient tout guillerets. « Ah ! il a fait beau, aujourd'hui ! On a même entendu le coucou ! – Le coucou au mois de mars, c'est pas possible ! – Si, si, on l'a entendu... – Ah ! ah ! C'était pas le coucou. C'était le Coucou ! » Les gens riaient d'y avoir cru. Et l'autre, qui était là, caché dans un coin, riait d'avoir fait une si bonne farce. Il était plein de malice.

Son beau-frère avait trois vaches. Dans la nuit, le Coucou se levait pour les attacher les unes avec les autres. Il les entortillait je ne sais comment et le matin on ne pouvait pas les démêler. Elles étaient à moitié étranglées. Il faisait ça avec beaucoup d'adresse, cet imbécile, et il ne se laissait pas surprendre. Alors, on accusait les « foyes ». Les fées du mont Pilat avaient grande réputation, à l'époque. On les voyait quelquefois quand elles mettaient à sécher leur linge qui ressemblait à de la toile d'araignée. Et, la nuit, elles descendaient souvent de la montagne pour tourmenter les braves gens, mais sans méchanceté.

La sœur et le beau-frère du Coucou avaient donc fait venir une commère qui « avait des dons ». Elle a mis dans l'étable l'herbe de saint Sabin qui protège le bétail et arrête les incendies et le millepertuis qui chasse le diable. Et le Coucou, qui s'amusait bien, a continué de plus belle. Ça aurait duré longtemps si, une nuit, une vache ne s'était pas détachée... Effrayée par ses manigances, elle lui a donné un méchant coup de corne dans les côtes. Le Coucou a crié, la vache a meuglé, la sœur et le beau-frère sont arrivés. Il a fallu emmener le simple au rebouteux et il a fini par avouer.

Une qui avait bien des ennuis avec les « foyes », c'était la Félicie, une vieille fille qui habitait avec ses deux frères également célibataires. Ils avaient une belle propriété, au-dessous du Pilat, avec de grands vergers de pommiers. C'était peut-être l'odeur des pommes qui attirait les fées. En tout cas, elles poursuivaient toute la nuit la pauvre Félicie.

Elle dormait entourée d'un grillage qu'elle attachait sur elle avec de la ficelle ou du fil de fer. Elle n'était pas folle du tout. Le jour, elle travaillait avec ses frères, elle faisait du fromage ; ou bien elle travaillait à l'usine pendant la mauvaise saison. Mais, la nuit, elle était hantée. Le grillage ne suffisait pas toujours à la protéger. Alors, elle allait se cacher quelque part. Ses frères la trouvaient dans un coin de la cave ou accroupie dans un baquet, sous un tas de paille au fond de l'écurie, n'importe où...

Un jour, elle s'était enfilée dans une vieille ruche vide. En ce temps, les ruches étaient creusées dans un tronc d'arbre. On ne sait pas comment elle avait pu entrer là-dedans ; c'était peut-être un tour des fées. Ses frères n'ont pas pu la sortir. Ils ont appelé les voisins. Il a fallu scier la ruche en plusieurs morceaux : ça a pris plus d'une demi-journée pour la tirer de ce mauvais pas.

Ces fées étaient vraiment terribles : aucune herbe ne les arrêtait. Enfin, la Félicie a fini par se marier. Alors, elles l'ont laissée tranquille.

Les bandits étaient encore plus terribles et bien réels.

Quand j'étais petite, on a beaucoup parlé des bandits du Forez. Mon père avait suivi cette affaire dans le journal. Cela se passait de l'autre côté de Saint-Étienne. Des gens, surtout des maquignons qui revenaient des foires, étaient attaqués sur une route sauvage, dans une région très boisée. En général, les toucheurs poussaient les bêtes qui avaient été achetées. Le maquignon s'en allait devant ou derrière, à cheval ou avec une carriole.

À cet endroit, il y avait eu plusieurs attaques, après les grandes foires. Je crois qu'un ou deux maquignons avaient été tués et beaucoup dévalisés. Alors, ils s'arrangeaient pour être plusieurs quand ils rentraient, avec leurs toucheurs.

Pourtant, un vieux marchand qui faisait beaucoup d'affaires persistait à prendre cette route tout seul. On lui disait : « Vous êtes bien imprudent. Vous allez vous faire arrêter par les bandits ! » Mais lui n'avait pas peur. Il répondait : « Moi, on m'a jamais arrêté. Et puis j'ai ce qu'il faut ! » Il n'était pas tout à fait tout seul puisqu'il emmenait son chien avec lui, dans son char à bancs. C'était un chien de taille moyenne, mais très vigoureux. Et puis, la nuit, il gardait toujours son fusil à portée de la main... Quand même, les autres lui répétaient qu'il n'aurait pas dû voyager seul. « Eh ben, moi, jusqu'à maintenant, on m'a pas arrêté ! »

Et voilà que c'est arrivé, une nuit ! Deux hommes lui ont barré la route. Le premier a bondi à la tête du cheval. Le vieux n'a pas perdu son sang-froid. Il a lancé son chien et le chien est « parti après » le bandit. L'autre s'est présenté à la figure du maquignon. Mais celui-ci avait eu le temps d'attraper son fusil et il a tiré aussitôt. L'homme est tombé sur le coup ; mais il n'était pas mort. Il s'est relevé et il est parti. Le premier se battait avec le chien qui le mordait.

Le vieux a pris son bâton – son bâton de maquignon – et il est descendu de son char à bancs. Il est allé aider son chien. Il a frappé le bonhomme avec son bâton. On disait qu'il lui avait arraché une oreille. Et puis, tout d'un coup, ils n'étaient plus là ; les deux hommes étaient partis. Le vieux et son chien restaient maîtres du terrain.

Sur la route ou sur d'autres chemins, des gens avaient entendu le coup de fusil. Ces fusils à piston, on les chargeait par le canon. On mettait une pleine poignée de poudre et ça faisait un bruit affreux.

Le maquignon avait réussi à reprendre son cheval

et à remonter sur son char à bancs ; mais le cheval était effrayé et il galopait comme un fou. Et les gens entendaient le bruit des sabots et l'homme qui criait : ho, ho, ho, ho ! Ils ont témoigné plus tard. Le vieux maquignon avait un gendre qui n'habitait pas très loin ; mais enfin à plusieurs kilomètres. Il est arrivé chez lui. Il a raconté sa mésaventure et il a peut-être bien bu un coup aussi. Et puis ils sont repartis tous les deux voir sur les lieux si le bandit qui avait reçu le coup de fusil n'était pas par là dans le fossé.

Ils ont rencontré d'autres personnes qui avaient entendu le coup de fusil et ils ont parlé. Et ils ont rencontré aussi une vieille femme qui se promenait avec une lanterne. Elle aussi avait entendu le coup de fusil. Qu'est-ce qu'elle faisait là, cette vieille, à son âge ? Quelqu'un a dit : « Oh ! ça maraude, ça n'a pas bonne réputation, la vieille et ses fils... » Elle cherchait ses fils. On l'a su plus tard : c'étaient eux les deux bandits.

Celui qui avait reçu le coup de fusil s'était traîné un peu plus loin, mais il n'avait pas réussi à rentrer chez lui. Il était mort dans un champ. Le maquignon et son gendre sont allés prévenir les gendarmes. Bien sûr, il y a eu une enquête et tout a été dévoilé. Les bandits du Forez, c'étaient les deux frères, des paysans des environs, et leur mère les aidait.

On a trouvé une chambre pleine de choses volées. Ils avaient tout entassé, comme ça. L'argent était encore dans les bourses prises aux malheureux qu'ils avaient tués ou blessés. Ils ne s'en étaient pas servis. Ils n'en avaient pas besoin. Ils continuaient d'attaquer les maquignons et les riches paysans, et ils accumulaient le produit de leurs crimes.

Celui que le vieux avait tabassé avec sa canne est allé à l'hôpital ; après, il a été condamné à la prison à perpétuité. La mère a disparu ; on n'a jamais su ce qu'elle était devenue. Mais il n'y a plus jamais eu de passants attaqués à cet endroit.

Au début du siècle, il y a eu une vilaine affaire à Maclas. Deux frères (encore !) vivaient ensemble. L'un était marié et il avait deux filles ; l'autre était célibataire et il avait des relations avec sa belle-sœur. Alors, ce qui est arrivé n'est pas très original : les deux amants ont décidé de se débarrasser du mari.

Lui, les jours de foire à Maclas, il « faisait l'écurie » d'un restaurateur, c'est-à-dire qu'il s'occupait des chevaux des paysans. Il les dételait, il leur donnait une place, du foin, de l'avoine... Quand le paysan revenait prendre sa bête, il payait la tâche, la nourriture, il donnait une pièce au garçon d'écurie qui l'aidait à atteler. L'homme, celui des deux frères qui était marié, se chargeait donc de ce travail. Il en profitait pour boire de bons coups et il rentrait le soir très fatigué. Il se mettait au lit et s'endormait aussitôt.

Les autres avaient choisi cette occasion pour le tuer. Ils avaient bien projeté leur affaire ; ils avaient envoyé les filles chez des parents. Ils étaient tranquilles. Quand le mari a été endormi, son frère l'a saigné bien proprement, sur le bord du lit. On disait qu'il n'avait pas fait une tache de sang sur le drap. Ils avaient prévu un grand tombereau de bois pour faire brûler le corps. La femme est allée vider le sang et laver la bassine. L'homme a allumé un grand feu dans la cheminée de la cuisine.

Le cadavre a brûlé toute la nuit. Et ils étaient là, tous les deux ; ils mettaient du bois. Le matin, il ne restait plus que le crâne.

L'homme a tiré ce crâne qui était celui de son frère et il l'a tapé contre son sabot : ça a éclaté et ça s'est « écarpillé ». Ça donnait une chaleur terrible. Ils ont fait chauffer le café avec ce crâne. C'est épouvantable à croire !

Après, la femme a signalé la disparition de son mari. Les gendarmes ont cherché un peu, quelque temps. Ils ne se sont peut-être pas beaucoup forcés. Ce n'était qu'un malheureux paysan. Et puis, en ce temps-là, des gens disparaissaient souvent, comme ça. On ne s'en inquiétait pas trop. Enfin, ils n'ont rien trouvé. Ils ont abandonné et l'affaire est restée là. On n'en parlait plus. Plusieurs années ont passé et personne ne s'occupait plus de cette disparition. Les autres vivaient ensemble et tout allait bien.

Et puis la femme a eu l'idée de se marier avec son beau-frère. Elle a entrepris des démarches pour divorcer, vu qu'on ne savait pas ce qu'était devenu son mari. Ça a remis tout en branle. La justice a exigé une nouvelle enquête. Les gendarmes de Pélussin sont retournés à la ferme de Maclas. Ils avaient la puce à l'oreille. Ils ont emmené les deux amants à la gendarmerie et ils les ont un peu cuisinés. Ils commençaient à avoir des soupçons.

Ils ont décidé de les garder pour la nuit et de surprendre leur conversation.

Ils les ont laissés dans une pièce avec un petit lit et un gendarme est resté sous le lit. Les deux assassins se sont disputés toute la nuit à propos du crime et de la suite. Au matin, le gendarme qui avait passé la nuit sous le lit avait pris quelques courbatures, mais il savait tout !

L'interrogatoire a été repris et les criminels ont avoué. Ils ont tout raconté dans les moindres détails. L'homme a pris la faute sur lui ; il a défendu la femme jusqu'au bout. Il a été condamné à perpétuité et elle à dix ou quinze ans. Ce n'était pas cher. Un pareil crime aurait bien mérité qu'on leur coupe le cou !

Beaucoup plus tard, après mon mariage avec Joseph, il y a eu l'affaire du « bandit ». Cet homme s'appelait Gerin. Il était né vers 1890. Joseph l'avait connu avant de partir au régiment. Il travaillait chez un nommé Panel qui faisait des coupes et des transports de bois et qui avait entrepris de grandes coupes dans les communaux de Roisey, des bois situés près d'Éparvier. Joseph qui le connaissait bien, Panel, avait travaillé aussi aux coupes. Gerin habitait un peu plus haut, à la Cyprienne. Il est parti au régiment l'automne suivant. Il est revenu et, un peu plus tard, il est parti à la guerre.

Il n'est pas resté longtemps à la guerre. Il a déserté... Pourquoi et comment, on ne l'a jamais bien su. Ces choses-là concernaient l'armée qui était avare d'informations. Alors, il est venu vivre sous un rocher plat, du côté de chez lui, dans la montagne du Pilat. On appelait cet endroit la « roche Corvère ». Cela formait une sorte d'immense corniche qui surplombait la forêt de sapins. Et, dessous, il y avait un trou dans lequel on pouvait entrer en se baissant. C'était une petite grotte. Gerin s'est donc installé là et sa mère le ravitaillait. Il sortait un peu ; pas beaucoup, mais assez pour se faire remarquer. Et, finalement, les gendarmes sont venus le cueillir là. Il est allé en prison, puis il a bénéficié d'une loi d'amnistie, quelque temps après la guerre. Il est rentré tranquillement chez lui.

Un de ses frères a vécu avec lui pendant peut-être une année ; puis ils ont fait un arrangement de famille. Les autres lui ont cédé la petite propriété. On disait qu'il s'était remis à travailler comme un fou. Il labourait, il défrichait, il coupait les haies, il amendait les terres. Il avait acheté à crédit une paire de vaches de travail et il essayait de remettre de l'ordre dans la propriété. Enfin, c'est ce qu'on disait ; et tout le monde pensait qu'il allait reprendre une vie normale.

Mais tout par un jour, ses vaches criaient et ses voisins sont allés voir ce qui se passait. La maison était ouverte ; la grange aussi, mais les bêtes n'avaient plus rien à manger. Ils les ont soignées et puis ils sont allés voir la maison. Elle avait été balayée avec soin et le balai était debout derrière la porte. Les placards étaient fermés ; tout semblait en ordre. Mais quelqu'un a remarqué qu'il manquait le fusil de

Gerin et son complet de velours neuf. On s'est demandé où il était passé. Enfin, il avait disparu.

Bientôt, on a commencé à parler de petits larcins dans le pays : une poule, un lapin, des œufs, des pommes de terre arrachées dans un champ. Certains disaient qu'ils avaient aperçu Gerin. Mais on le signalait du côté de Bourg-Argental. Panel, qui l'avait occupé avant la guerre, recevait de temps en temps une visite mystérieuse, en son absence. Et, chaque fois, il lui manquait une petite chose : un pain, une bouteille de vin, un saucisson... Presque toujours de la nourriture. Un jour, il lui a manqué un complet. Puis les vols ont cessé par là ; il y en a eu d'autres un peu plus loin. Encore de la nourriture, des vêtements, de menus objets ; parfois une petite somme d'argent, et ce n'était même pas très sûr.

Gerin circulait toujours dans le pays. Il allait et venait entre le mont Pilat et l'Ardèche. Nous l'entendions passer à Éparvier, le soir, entre neuf et onze heures. Les chiens faisaient la vie. À cette heure-là, il descendait. Je crois qu'il remontait par un autre chemin, le matin peut-être, ou un autre jour.

Puis il y a eu le premier crime, suivi d'un incendie. Un vieillard de soixante-quinze ans, nommé Blaise, qui habitait au lieudit « le Sagne », près de Pélussin. Sa femme couchait cette nuit-là à l'usine où elle travaillait. « Le Blaise s'est brûlé... » On n'a pas su tout de suite qu'il avait été assassiné. « Mais on lui a pris ses sous. On a retrouvé sa boîte dans le pré. Elle était vide ! » L'enquête tournait autour de Gerin. Tout le monde le soupçonnait ; mais on n'avait pas de preuves ; et puis il aurait fallu l'attraper. Les gens commençaient à avoir peur et à fermer les portes.

Et puis ça a été les Fargier.

Un jour, en fin de semaine, on a entendu dire : « Les Fargier ont été tués et leur maison a brûlé ! » Puis on a su que seul le père Fargier était mort et que la maison n'avait pas fini de brûler. Le dimanche, nous avons décidé, Joseph et moi, d'aller voir sur place. C'était vers les hauteurs de Chavanay. Nous avons pris les chemins de traverse par La Chaize, La Vialle. La maison se trouvait en face du lieudit « le pont Churieu ». La Valencize, la rivière de Pélussin, passe tout près. L'assassin avait traversé la rivière et le chien policier qu'on avait amené pour le chercher avait perdu sa trace à cet endroit.

Nous sommes arrivés là. Nous n'étions pas les seuls. Il y avait beaucoup de curieux. Les cadavres des bêtes finissaient de brûler dans la grange. Les gens qui sortaient de là ne disaient pas ce qu'ils avaient vu, ni ce qu'ils pensaient. Ils se taisaient ou bien ils grognaient quelque chose : « Bon... Oui... Ben, c'est pas beau ! » Nous ne sommes pas restés longtemps devant la grange parce que ça sentait trop mauvais. Nous avons fait le tour de la maison, tout en regardant.

Nous avons vu une jeune vigne plantée d'un an ou deux et travaillée de frais. Et, à travers cette vigne, on avait placé des tuiles les unes devant les autres, à une certaine distance. Nous nous sommes approchés et Joseph a soulevé la première tuile. Dessous, nous avons vu la marque d'un pied ! Oui, c'étaient les pas du bandit et les gendarmes avaient mis une tuile sur chaque empreinte... Il faisait de grands pas. Le temps lui durait de se sortir de là ! Quand Joseph a soulevé cette tuile, j'ai eu une émotion terrible. Ça m'a pénétrée bien plus que de voir les cadavres des bêtes, de voir là cette trace, ce pied inconnu...

En tout cas, ce n'était pas un inconnu pour la mère Fargier. Elle le connaissait, Gerin. Ils le recevaient, tous les deux. Ils lui achetaient du gibier braconné et ils lui échangeaient de l'or volé. Enfin, c'est ce qui s'est révélé au moment de l'enquête et du procès. À ce moment-là, le bandit occupait un maquis au-dessus de Chavanay, ce qui ne l'empêchait pas de circuler autour du Pilat. Un jour, il a eu besoin d'argent et il est descendu chez Fargier. Il s'est fait ouvrir. Le père Fargier est venu : il l'a tué d'un coup de fusil à bout portant sur le seuil de la maison. Puis il est allé chercher de la paille dans la grange et il a recouvert le corps. Après, il est entré à la cuisine et il s'est fait donner à manger par la mère Fargier et il lui a demandé son argent. Il a essayé aussi de récupérer l'or qu'il avait apporté ; mais elle l'avait caché dans la caisse de l'horloge et il ne l'a pas trouvé.

Il a brutalisé la pauvre femme, il lui a attaché les mains derrière le dos et il l'a enfermée dans sa chambre avec son chien. Elle avait un chien qui ne la quittait pas. Il s'appelait Pataud. Un chien de taille moyenne, marron et feu... je le revois encore. Je ne sais pas comment le bandit avait bloqué la porte ; mais le fait est qu'il l'avait enfermée pour la faire brûler avec la maison.

Elle était là et ça commençait à sentir la fumée. C'était déjà tard dans la soirée ; il faisait nuit noire.

La maison était assez isolée et les voisins devaient dormir. Elle n'avait aucun secours à espérer. Et la maison brûlait.

Alors, elle s'est rappelée qu'une brique du galandage manquait. C'était un vieux galandage qui séparait la chambre de la cuisine ; le plâtre se décollait et une brique était tombée : ça faisait un trou. Elle s'est mise à taper contre cette cloison avec ses sabots ; elle avait presque soixante-dix ans, mais elle était encore vigoureuse. Elle a réussi à faire tomber une deuxième brique. La fumée entrait dans la chambre et elle entendait crépiter le feu dans la cuisine. Alors, le chien a compris. Il s'est attaqué aussi au galandage. Il s'est mis à arracher des briques avec une fureur terrible. Attachée comme elle était, la mère Fargier ne pouvait pas beaucoup se servir de ses mains. Elle tapait avec ses sabots et elle donnait des coups d'épaule. Le chien arrachait les briques avec la gueule et les pattes. Il était tout ensanglanté. Après, il est devenu célèbre ; on racontait son exploit dans les journaux. C'est lui qui a presque tout fait.

Enfin, ils ont pu sortir tous les deux. Il était temps. La cuisine flambait. Le bandit avait laissé la porte extérieure ouverte pour qu'il y ait un courant d'air qui attise le feu. La mère Fargier est passée devant le corps de son mari qui brûlait sur le pas de la porte. Elle a dit : « Pauvre homme ! »

La grange brûlait ; le foin était déjà consumé. Elle entendait ses bêtes crier dans l'étable. Ils avaient trois ou quatre moutons, un âne, quelques chèvres... Mais la porte était fermée et, avec ses mains liées, elle ne pouvait pas l'ouvrir. Et puis elle se demandait si le bandit ne se tenait pas à proximité, prêt à la fusiller. Elle a donc couru chez les voisins pour se faire détacher. Elle a dû crier pour les réveiller. Ils ne s'étaient aperçus de rien.

Plus tard, le maire de Pélussin, M. Revollon, l'a embauchée dans son usine de soierie. Il la logeait aussi pour qu'elle soit protégée du bandit et son chien ne la quittait pas. Une riche Parisienne lui a envoyé un manteau, une pièce de cinq francs et un paquet de gâteaux pour le brave Pataud.

Bientôt, on a entendu dire que Gerin était revenu autour de chez nous. Il commençait à être célèbre. Les journaux l'appelaient « le bandit du Pilat »... On avait vu sa trace dans une cabane, près de la Madone. C'était une petite hutte de pierre, couverte de genêts, où un berger pouvait s'abriter d'une averse. Elle faisait partie d'un pré que nous avions loué. Et dès que j'y suis allée garder nos bêtes, j'ai jeté un coup d'œil dans la hutte. Il y avait des marques. On aurait dit que quelqu'un avait essayé de s'étendre. Il avait même apporté de la paille. Oui, ça ne pouvait être que Gerin.

Il avait aussi visité un pavillon de chasse qui appartenait au frère de M. Revollon. C'était une maisonnette en plein bois et l'autre avait trouvé le moyen d'y pénétrer. Il avait vidé des cartouches pour prendre la poudre et le plomb, parce qu'il avait un fusil à piston. Et puis il avait volé tout ce qui l'intéressait dans cette maison. Finalement, il était parti en laissant sa chique sur la table.

Ici et là, un pain manquait, comme autrefois. Une voisine se plaignait qu'on lui buvait son lait dans la cruche qu'elle mettait au frais, chaque soir, à la fontaine. C'était le bandit, bien sûr. Les gendarmes savaient tout ça. Joseph avait signalé l'occupation de la cabane. Mais ils s'en moquaient. Ils avaient répondu : « Ça, c'est pas notre affaire. Il y a la police judiciaire qui s'en occupe... »

Un soir, Joseph et moi, nous sommes descendus vers Pélussin. Nous parlions toujours quand nous avions bien « assisté » nos animaux ; ils dormaient et tout était tranquille. Nous devions aller voir un homme que nous connaissions et qui faisait un peu le marchand de bestiaux. Nous aurions voulu une vache pas trop chère, qui ait un peu de lait... Nous avons vu ce bonhomme. Il a discuté avec Joseph. Il nous a montré ses vaches. Le temps passait. Il nous a invités à souper. Et après, ils ont recommencé à discuter. Quand nous avons pu repartir pour Éparvier, il était bien tard et j'avais un peu peur. Je n'ai pas voulu suivre le raccourci qu'on avait pris pour descendre. Heureusement, il faisait clair de lune et c'était moins peureux. Et puis comme disait ma grand-mère : « Il n'y a pas de muraille entre le jour et la nuit. »

Nous sommes arrivés à la Madone. Le ciel était clair. Nous avions la lune au-dessus de nous, un peu en arrière. Je regardais nos ombres. Je ne voulais pas détourner les yeux de la route. Et puis, quand même, j'ai cru voir une touffe bouger. Les genêts de la Madone brillaient un peu.

Mais ce n'était pas un genêt. C'était bien la silhouette d'un homme qui marchait à grands pas à travers champs. Il descendait la pente entre la Madone et la route. À cette heure-là, il ne se cachait pas. La lune l'éclairait de côté. Sa cabane était trop petite pour y dormir. Il devait avoir un autre repaire, du côté de la rivière.

Il était à moins de trente ou quarante mètres de nous et je le voyais très bien. J'ai eu l'impression qu'il portait une veste en velours côtelé, assez claire. Il avait un chapeau plus sombre. Et, tout à coup, j'ai vu luire le canon de son fusil. J'ai serré le bras de Joseph. Je crois que je ne tenais pas beaucoup de place sur le chemin. Mon Dieu ! que j'avais peur !

À ce moment, il avait dû nous voir aussi et il a obliqué pour s'éloigner. Il est passé dans l'ombre et nous ne l'avons plus vu ; mais nous entendions encore ses gros brodequins sonner sur le sol rocailleux.

Pendant qu'il s'en allait, j'ai même senti l'odeur de sa cigarette. Il avait dû la jeter en nous voyant.

Peut-être descendait-il à Pélussin, ce soir-là. Il avait une sœur qui tenait un petit café sur la route des Croix. Elle était si gentille, cette femme. Il devait bien aller la voir de temps en temps pour boire un coup... On disait aussi qu'il traînait du côté de l'usine Revollon, comme s'il espérait voir la mère Fargier, peut-être pour la tuer. Mais, bien sûr, elle ne sortait pas la nuit.

À cette époque, on a eu quand même la visite d'un inspecteur de la police judiciaire. Il est venu avec un cafetier de Pélussin chez qui il était en pension. Le cafetier venait pour nous acheter des dindons. Le policier aimait bien discuter avec les paysans pour savoir ce qu'ils pensaient de cette affaire. Comme ça, en bavardant, il a pris une cigarette et il a demandé du feu. Je lui ai donné des allumettes de contrebande. Il a fait un peu la moue ; sur le coup, je n'ai pas bien compris pourquoi... Après, il a demandé à Fabri, le cafetier, si j'avais voulu me foutre de lui. Pauvre homme ! quelle idée ! Je lui avais donné les allumettes que j'avais. Je n'en avais pas d'autres !

Et puis on n'a plus parlé de la police ni du bandit. Enfin, on a raconté que Gerin était passé en Isère et qu'il travaillait avec une paysanne ; c'était vrai ou pas vrai.

Un jour, bien plus tard, un type qui le connaissait l'a rencontré devant un bureau de tabac où il venait de faire changer un louis. L'homme lui a mis la main sur l'épaule.

– Mais tu es Gerin, toi !

Et le bandit aurait dit :

– Ah ! cette fois, je suis pris.

– Il vaut mieux que tu me suives...

Il s'est laissé emmener tranquillement. Il était sans doute à bout et le remords le tourmentait. Enfin, il s'est laissé prendre comme ça.

À l'instruction, il a été confronté avec la mère Fargier qui l'a bien reconnu ; mais il n'a pas avoué. On n'a jamais su tous les crimes qu'il avait commis. Il paraît qu'au début des assises, il allait parler ; et puis son avocat lui a fait signe de se taire et il n'a jamais plus rien dit. Il a été condamné aux travaux forcés à perpétuité vers 1925 et il est mort sur le *Lamoricière*, en partant pour Cayenne.

Quand je repense à cette histoire, c'est toujours cette empreinte de pied sous une tuile que je revois d'abord.

Il y a eu une complainte qui finissait ainsi :

Oyez la triste aventure
D'un brigand nommé Gerin.
Elle est vraie, j'en mets la main
Dans le feu et je le jure.
Même que le Pèlerin
En a fait sa couverture !

L'après-guerre et le départ

Nous habitions à l'épicerie. Joseph travaillait à sa propriété, à Éparvier. Il ne venait pas manger tous les jours à midi, parce que c'était trop loin. Le jour où il avait besoin d'aide, je fermais l'après-midi et je montais à Éparvier avec lui. Les paysannes disaient qu'il avait épousé une dame... Ah ! oui. Ça ne m'empêchait pas de lui charger son foin et ses gerbes. Je montais sur la charrette, je faisais des fagots, je ramassais des pommes de terre... Et, à l'épicerie, je n'avais pas grand monde l'après-midi.

Le commerce ne rapportait presque plus rien ; ça ne valait pas la peine. J'ai donc abandonné, et une de mes amies, Marie Escoffier, a pris la suite. Nous nous sommes installés à Éparvier. C'était en 1921. Nous nous étions mariés en 1920 et nous avions passé un an à Pélussin.

Je me suis remise au travail de la terre. Je n'avais

rien oublié. Joseph avait acheté un mulet. Un joli poison, celui-là ! Dès qu'on passait à côté de lui, il jouait du derrière. Il nous aurait tués... Mais il nous rendait quand même bien service. Nous avions un petit char à bancs pour nous déplacer et une charrette pour le transport du bois, du foin et des récoltes. Joseph coupait du bois et il le livrait à Pélussin avec le mulet.

Un peu plus tard, nous avons acheté une vache. Nous en voulions une paire pour travailler, mais nous ne pouvions pas en acheter deux. L'année suivante, elle nous a donné une génisse que nous avons élevée. Alors, nous avons eu un petit attelage. Joseph pouvait labourer.

L'hiver, il n'y avait pas de travail pour moi à la propriété. Et puis nous avions besoin d'argent. Je suis retournée à l'usine.

Je faisais bouillir la marmite. Quand Joseph était revenu de la guerre, il avait trouvé sept ans d'impôts à payer et des bâtiments branlants, avec des gouttières partout. Notre seul luxe, c'était la « grand-lampe », la lampe que j'allumais un moment le soir. Je cousais, je tricotais ou je raccommodais, et Joseph lisait. Mais ça faisait jaser au hameau. On nous disait : « Mais c'est que vous êtes bien éclairés, vous ! Oh ! bien sûr, vous êtes jeunes, vous ne regardez pas à la dépense... » Et si, je regardais à la dépense. Mon litre de pétrole me coûtait quarante centimes et je m'arrangeais pour qu'il me fasse une semaine.

Et j'essayais aussi d'avoir toujours sous la main quelques pièces pour les pauvres et les mendiants. J'ai mon idée sur la charité. Je crois qu'il faut donner ce qu'on peut et aussi souvent qu'on peut. Il n'est pas nécessaire de donner beaucoup : ce qu'on donne, la Providence se charge de le multiplier. Et quelquefois, elle vous le rend...

À cette époque, je travaillais chez Revollon. C'était une grosse usine, avec beaucoup de jeunes. Il y avait même un peu de pègre ; ça criait, ça chahutait, ça mettait la pagaille, ça n'aimait pas trop le travail. Les ouvriers avaient réclamé d'arrêter le samedi après-midi. Mais les ouvrières qui voulaient rester avaient permission. On appelait ça « faire des heures ». La patronne ne demandait pas mieux. Elle nous mettait dans un coin et nous pouvions travailler tant que nous voulions.

Un samedi soir, j'avais travaillé jusqu'à la nuit. La patronne avait eu des visiteurs ; elle les avait accompagnés à leur voiture et elle ne revenait pas. Je n'étais pas payée. Elle avait dit qu'elle me paierait ma semaine normale plus mes « heures » quand j'aurais fini. J'avais bien besoin de mon argent. Je savais qu'à la maison, le porte-monnaie était presque vide. J'attendais, j'attendais, et Mme Revollon ne revenait pas. J'aimais bien être seule quand elle me faisait la paie : elle me donnait toujours un litre de vin ou une poche de café en supplément. On était presque du même pays ; elle venait de La Roche, un hameau près de Bourchany. On se connaissait bien... J'ai donc attendu. Et puis la nuit tombait et je n'avais pas de lumière pour rentrer. Je ne voulais pas que la patronne s'aperçoive que j'avais tellement besoin de cet argent. Alors, je suis partie, bien tristement.

En m'en allant, je la voyais sur le bord de la route,

en train de discuter avec ces gens qu'elle avait raccompagnés. Mais il tombait quelques gouttes, il faisait très sombre ; elle n'a pas dû m'apercevoir. J'étais bien mélancolique. Je montais par le raccourci, l'ancienne voie romaine qui montait des usines à Éparvier, en passant derrière la Madone. Il y avait juste le passage pour une personne entre les genêts mouillés. Tout en marchant sur ces pavés glissants, je pleurais doucement. Je n'avais pas le sou pour aller faire mes commissions le dimanche matin. J'étais dans le plus grand désarroi.

Et, tout à coup, je vois quelque chose sur un genêt ; quelque chose qui luisait un peu, mais d'abord, je n'ai pas pu distinguer ce que c'était. Je ne sais ce qui m'a poussée à prendre ce morceau de papier. Je n'ai même pas eu à me baisser ; il était là, posé devant mon nez, à ma portée, et c'était un billet de vingt francs.

S'il avait été un peu plus bas, je n'aurais pas pu le voir. J'ai pensé : « Ce n'est pas possible que quelqu'un ait perdu ce billet à cette hauteur ! »

Non, je le savais, il avait été mis là pour moi.

Plus tard, le fils Chavanne, M. Fernand, qui avait des difficultés à son usine, est venu avec sa mère pour me demander. « Il faut que vous veniez chez nous. Vous serez surveillante à deux francs cinquante de l'heure... » Ils m'ont tellement suppliée, et j'avais tellement aimé cette maison autrefois que j'ai cédé et j'y suis revenue. Oh ! quelle pagaille j'ai trouvé là-dedans ! Et puis tout le monde me regardait de travers : c'était la basse classe. Je n'avais rien à faire là. J'étais comme un chien dans un jeu de quilles et tout ce que je faisais donnait mauvaise grâce aux autres. J'ai vu que ça ne pourrait pas durer bien longtemps.

À ce moment-là, Joseph et moi avions déjà parlé de nous en aller, de quitter le pays. M. Fernand a voulu me mettre aux assurances sociales. Je lui ai dit :

– Oh ! c'est pas la peine. Je suis pour partir d'ici. C'est pas la peine de faire de la paperasserie !

– Ah ! mais c'est la loi. Je mets tous mes ouvriers aux assurances. Vous en ferez ce que vous voudrez ou ce que vous pourrez !

Chaque mois, selon la somme qu'on avait gagnée, on nous apposait des timbres sur une feuille. Tous les papiers venaient de Lyon où il y avait des bureaux qui s'occupaient de ça. Beaucoup plus tard, en Dordogne, j'ai été opérée ; je les ai prévenus. Ils ont envoyé une certaine somme à mon employeur. Mais ce n'était plus M. Chavanne. Il m'a dit : « J'ai reçu de l'argent pour vous d'une caisse de Lyon... » Mais il ne m'a jamais donné un sou !

Entre-temps, je travaillais à Éparvier avec Joseph. J'allais aux champs. Quand une vache donnait un peu de lait, je faisais du fromage. On coupait du bois ; j'allais chercher des feuilles pour les litières. Je soignais les cochons. Je ramassais les fruits à la saison. Quand les champignons se trouvaient dans les prés ou les bois, j'allais en cueillir quelques paniers pour les vendre. Ça m'aidait à entretenir mon ménage ; mais ça n'était pas bien vu dans le pays : ça me mettait, comme on dit, à la gueule du loup. « Ah ! elle vend des champignons. Elle fait comme les courauds ! » Ces reproches, on finissait bien par les entendre et ils nous rendaient malheureux. Le dimanche, pour me consoler, j'allais prier à la chapelle de Saint-Antoine, dans un bois qui nous appartenait. Et je racontais au bon saint toutes mes difficultés et mes projets ; et je lui demandais conseil.

La santé de Joseph n'était pas bonne. Il avait rapporté de la guerre une maladie d'estomac. Il vomissait. Il restait des jours sans manger. Quelquefois, le matin, il n'avait pas la force de se lever. J'étais bien inquiète. Je le disais à saint Antoine. C'est peut-être lui qui m'a soufflé qu'il fallait partir.

Nous recevions *le Chasseur français*. Nous lisions les annonces. Il y avait beaucoup de situations en Dordogne et en Lot-et-Garonne pour les gens qui travaillaient la terre. Ça nous tentait bien.

D'un autre côté, les parents me critiquaient d'aller à l'usine. « L'usine, c'est pas une vie. Tu vas pas aller à l'usine toute ta vie ! »

Nous pensions de plus en plus à la Dordogne.

Ma belle-sœur Marie se plaignait tout le temps. « Moi, je n'ai rien eu ! Je n'ai pas été payée ! » Et ma belle-mère : « La Marie, elle n'a rien eu ! Elle n'a pas été payée ! » Non, ça ne pouvait plus durer. Joseph s'est fâché. Il a dit : « Je ne me suis pas battu pendant quatre ans pour me faire malmener à mon retour. J'en ai assez. Je vais mettre de l'espace entre eux et moi et ils n'auront qu'à venir me chercher ! » Nous avons commencé à préparer le départ. Nous avons vendu nos animaux et cherché un acquéreur pour la propriété. Et puis nous avons trié les choses que nous voulions emporter, celles que nous voulions vendre ou donner...

Dans *le Chasseur français*, les agents d'affaires proposaient des quantités de propriétés à acheter. Mais nous savions bien qu'après avoir payé la part de ma belle-sœur et remboursé quelques dettes, il ne nous resterait pas grand-chose. Il n'était pas question d'acheter. Les annonces proposaient aussi des métayages. Ça n'existait pas chez nous ; alors, nous étions très intéressés. Nous avons écrit à un agent de Bergerac qui nous a répondu tout de suite avec des tas de propositions toutes plus alléchantes les unes que les autres. Il nous offrait de venir voir sur place.

Un peu plus tard, nous avons fait le voyage. Nous nous sommes payé le luxe d'aller jusqu'à Bordeaux. C'était la première fois que je sortais de ma région. J'étais très contente. J'ai vu vraiment beaucoup d'eau. C'était presque la mer... Mais la mer, je ne la verrai jamais. Nous avons pris un fiacre pour aller de la gare à l'hôtel. C'était bien un des derniers sans doute.

Nous n'avons pas visité la ville ; nous étions tristes à la pensée de quitter notre pays. À Bergerac, nous avons encore déchanté. C'était moins mirobolant que dans les annonces. Nous avons vu deux ou trois propriétés de vignobles presque à l'abandon : ça ne nous intéressait pas bien. Nous avons fini par en prendre une parce qu'il fallait bien se décider. L'agent d'affaires nous a encouragés pour mieux nous plumer par la suite. Maintenant que nous étions décidés, l'essentiel pour nous, c'était de partir tenter notre chance ailleurs.

Une fois rentrés, nous avons repris les préparatifs.

Nous avons retenu un wagon pour le déménagement. Nous avons tout expédié. Nous nous sommes trouvés là, dans une maison vide, les bras ballants. Nous ne savions plus que faire. Nous sommes allés chez mes parents pour les aider à arracher leurs pommes de terre.

Le dimanche, je suis allée à la messe aux Croix. C'était la dernière fois, puisque nous partions le lundi. J'ai rencontré ma mère et je l'ai accompagnée un moment sur la route. Puis je lui ai dit au revoir : « Je t'écrirai souvent. » Je l'ai embrassée et je suis repartie. Quand j'ai eu fait une cinquantaine de mètres, je me suis retournée. La pauvre femme était assise au bord du fossé, la tête dans ses mains, et elle pleurait. J'avais envie d'en faire autant. Les jambes me pliaient. Je me suis mise à courir et je ne me suis plus retournée.

Nous n'avions même plus de lit. J'avais gardé seulement une paire de draps et une couverture. Nous avons ramassé tout ça et nous sommes allés à la grange. Il restait du foin. Joseph nous a fait un lit et nous avons dormi là. Ce n'était pas la première fois. Ça nous était arrivé quand nous avions des bêtes malades, pour la fièvre aphteuse, ou quand il fallait surveiller une vache qui allait vêler.

Dans ces moments, Joseph aimait bien me faire voir comment il s'y prenait pendant la guerre quand il avait la chance de dormir dans un grenier à foin. Il tortillait du foin pour faire un traversin ; il en roulait un paquet pour mettre sous ses pieds. Puis il relevait les bords... Il n'y avait qu'une différence après la guerre : c'était un lit à deux places. Mais moi, je ne dormais pas trop ; même quand on mettait un drap, il y avait toujours des brindilles qui me piquaient, des choses qui me dérangeaient. Alors, pour passer le temps, j'avais inventé un jeu. Je creusais sous la place de Joseph, je tirais le foin de mon côté. Et tout à coup, il glissait, il se retrouvait en bas du lit improvisé. Il grognait, encore tout ensommeillé. Je lançais quelques plaisanteries...

Mais la dernière nuit, je n'avais pas envie de plaisanter. Je n'ai pas dormi. Je pensais à mon pays, au départ, à l'avenir. Le matin, nous avons ramassé tout ce qui restait. Je me souviens d'avoir fait un paquet de casseroles. J'ai attaché ça très solidement ; mais quand nous sommes arrivés à Bergerac, c'était tout démoli et nous n'avions même pas une casserole pour faire chauffer le café !

À cette époque, on ne trouvait pas facilement des emballages. Il n'y avait que des sacs ou des caisses. J'aurais dû coudre mes casseroles dans un sac ; mais je n'y ai pas pensé.

Enfin, le jour du départ était arrivé. Nous sommes allés dire au revoir à ma belle-mère dans la cour. Je lui ai porté mon balai. Je lui ai donné quelques objets que je ne voulais pas emporter. Il y avait aussi deux poulets qu'on n'avait pas pu attraper. J'ai fait dire à ma belle-sœur d'envoyer son fils les chercher.

Puis le chauffeur de la maison Flachier est arrivé. Les Flachier faisaient tous les transports de Pélussin depuis toujours. Il a tourné un peu autour de la maison.

– Vous ne laissez rien ? Vous avez bien regardé partout ?

Puis il est rentré dans la maison et il a continué de fureter dans tous les coins.

– Vous êtes sûrs que vous n'oubliez rien ?

Sur la cheminée de la chambre, il a vu un petit dessus en guipure que j'avais fait avec un morceau de rideau.

– Et ça ?

– Oh ! ça, je le laisse. C'est fait sur mesure ; ça n'irait bien nulle part ailleurs.

Il a tiré sur le dessus en même temps. Plusieurs pièces sont tombées par terre.

– Ah ! et ça, vous le laissez aussi ?

Eh oui, c'était une petite cagnotte que j'avais oubliée, comme les souris ! J'ai ramassé les pièces et je les ai partagées avec le chauffeur. Nous avons chargé nos bagages et un paquet d'arbres à planter que nous emportions. Puis nous sommes montés dans la camionnette, à côté de lui, et il est parti tout doucement. C'était fini.

Sur la route, j'ai eu une pensée pour mes animaux que j'avais tant aimés : mon chien Floquet, ma vache Parpille. Nous avions tous les trois le même âge. Mon Floquet venait m'attendre au petit train, le samedi soir. Ma vache Parpille m'a appris à traire en se prêtant gentiment à mes premiers essais maladroits. Elle se retournait et me regardait comme pour me dire : « Alors, tu y arrives ? »

À Chavanay, nous sommes allés dire au revoir à un ami cafetier. Il nous a payé à boire. Le chauffeur nous a accompagnés sur le quai de la gare. Il était originaire de la Dordogne. Il nous a parlé un peu de sa région puis nous lui avons serré la main. Il est resté là, avec nous, par sympathie.

Joseph portait une petite cravate, genre régate, au col de son chandail. J'ai vu qu'elle n'était pas attachée et je me suis avancée. Et puis, à mesure que j'approchais mon visage du sien, l'envie de pleurer me prenait. Je regardais par terre et je n'arrivais pas à attacher cette cravate. Le chauffeur l'a vu et il m'a dit : « Laissez-moi faire ! » Il a attaché la cravate. Il nous a dit au revoir et nous a souhaité beaucoup de bonheur en Dordogne.

Le train est arrivé. Je me suis retournée et j'ai essayé de chanter :

Adieu, Pélussin, pays de belles montagnes,
Dont je garderai longtemps le souvenir...

J'avais la gorge trop serrée.

Et puis, dans le train, j'ai pensé à ma grand-mère. Je me suis rappelé le dicton qu'elle citait souvent : « Entre le jour et la nuit, il n'y a pas de muraille. » J'ai compris alors que c'était un adage plus profond que je le croyais autrefois et qu'il pouvait s'appliquer aussi au passé et à l'avenir. Je me suis dit : « Entre le passé et l'avenir, il n'y a pas de mur. » Ma grand-mère voulait dire que le temps ne s'arrêtait pas à la tombée de la nuit. Il ne s'était pas arrêté non plus parce que je quittais mon pays. La vie continuait et le train roulait vers une nouvelle espérance.

Table

Impression réalisée sur CAMERON par
BRODARD ET TAUPIN
La Flèche

pour le compte des Éditions Seghers
24, avenue Marceau, 75381 Paris Cedex 08
en janvier 1997

Imprimé en France
Dépôt légal : janvier 1997
N° d'édition : 037670/03 – N° d'impression : 1761R-5